はじめに

長い間、「日本企業は生産性が低い。その原因はデジタル化が遅れているからだ」と国内外から言われ続けてきました。

四十年近くもの間、コンピュータをはじめとするデジタルの世界に身をおいてきた私にとって、このように揶揄される状況であることは非常に心苦しく、じくじたる思いです。

どうして日本はデジタル後進国になったのか？　特に中小企業の経営の現場には、デジタル化を阻むどのようなハードルがあるのか？

その理由を知り、少しでも改善する力になりたい。そんな理想を掲げて、勤めていた会社を辞め、ＩＴ化コンサルタントとして独立・起業する道を選びました。そして、多くの経営現場を拝見するなかで、私なりに中小企業のデジタル化が進まない原因を掴むことができました。

中小企業のデジタル化を阻む最大のハードルは、デジタル人材の不足だけではなく、**デジタル化特有の「買い方」と「進め方」に対する社長の理解不足、あるいは見当違い**にあります。

また、こうした理解不足が原因で、多くの社長が、過去にデジタル化にチャレンジして手痛い失敗を経験しているのです。

そこで私は、社長がデジタル化失敗に至るワナに陥らず、正しい手順を踏んで会社のデジタル化を成功させる方法を開発・体系化し、コンサルティングサービスの核に据えることを決めました。

以来、多くの小規模企業、中堅企業の社長にこのノウハウを提供し、デジタル化成功のためのコンサルティングを実施してきましたが、如何せん特に大きな発信力を持っているわけでもない市井のコンサルタントに過ぎない私が、単独でこのノウハウを広めることには限界があります。

そこでまずは、蓄積したノウハウを余すことなく本書にまとめ、1社でも多くの企業にデジタル化の成功法をお伝えすることにしました。

この本を執筆している最中にも、新しいタイプの人工知能やデバイスが公開され、世の中を騒がせています。デジタルの世界は、いつの時代も一夜にして技術動向が激変してしまうものなのです。

しかし、本書で解説している「企業がデジタル化に取り組む基本」は、デジタル技術の進歩とは関係ありません。最新型の人工知能が公開されたといっても慌てることはまったくなく、本書で解説している進め方を着実に辿り、ツールとしての活用を考えればよいことなのです。

本書では、むずかしい技術用語を使わず、デジタルが苦手な人でも理解しやすいように、デジタル化成功のためのノウハウを説明しています。専門用語を使わないとかえってわかりにくくなる部分は、注釈を多めに使うなどの工夫もしました。

ぜひ、最後までお読みいただき、デジタル化の効果を享受し、会社の成長にお役立ていただきたいと思います。

鈴木　純二

2023年晩夏

会社を正しくデジタル化する方法　もくじ

第1章

中小企業のデジタル化が「導入した・動いた・使えない」で終わる理由

第2章

デジタル化で会社を成長させる「顧客接点改革」

第3章

デジタル化ステップ❶「改革の主戦場」を明確化する

第4章 デジタル化ステップ❷ 業務プロセスの可視化と分析

第5章 デジタル化ステップ❸ 「デジタル化方針」作り

第6章

デジタル化ステップ❹ 効果目論見とベンダー選定戦略

第7章

ＩＴベンダーを選定して終わりじゃない　社長の役割

カバーデザイン＆本文デザイン・ＤＴＰ◉齋藤清史（志岐デザイン事務所）

第 1 章

中小企業のデジタル化が「導入した・動いた・使えない」で終わる理由

Process Digitalization

1

①社長が抱えるデジタル化投資へのモヤモヤ

デジタル化には特有の「買い方」がある

本書は、会社のデジタル化を進めるときに、社長や経営幹部の方が把握しておくべきポイントや手順を解説した本です。

当社は２０１４年の創業以来、数多くの中小企業を対象にデジタル化のコンサルティングサービスを提供してきました。多くの場合、当社へのお問い合わせは、社長から電話やメールでお困りのことやお悩みごとをお聞かせいただくところからスタートします。

その困りごとのダントツの１位は、

「どうすればデジタル化ができるのか、まったくわからない」

といった漠然としたものです。

設備や機械、建物などを購入する場合は、買うものが目に見えますし、導入の目的もかなり明確です。さらに、導入目標を達成できる性能を持っているか？　その価格は効果に見合うか？　などの観点から具体的な導入判断ができます。

ですが、デジタル化の場合はその実物が目に見えません。実態が見えないと、何やら捉えどころがなく、特徴を掴むのがむずかしいものです。カタログを見ても見積書をもらっても、なかなか見当がつかなくて判断できないことが多いのでしょう、結果として多くの社長が、冒頭のような漠然とした困りごとを抱えることになります。

そのようなご相談を数多くお聞きしているうちに、ほとんどの社長が、デジタル化に関して過去に何らかの失敗を経験していることがわかりました。

社長曰く「システム[*1]を選定して導入した。導入作業が終わって動くようになった。従業員への教育も終わった。しかし、実際に使おうとした段階で数々の問題が一気に吹き出してまともに運用できなかった」「動くには動いたが、思っていたような効果を上げることができなかった」といった類の失敗です。

通常、デジタル化以外の投資、たとえば設備や工作機械、建物といった投資をする際、「導入した・動いた・使えない」といった失敗はほぼ発生しません。

＊1　システムとは　1つ以上のソフトウェアとコンピュータやネットワーク機器、人間の判断や操作を含めたすべての総称。「ソフトウェア（ソフト）」とは、要求する機能をコンピュータ言語で記述したもの

ところがデジタル化の場合は、かなりの確率でそれが起こります。

理由は簡単です。それは、**導入の目的やそれがもたらす効果を明確にイメージし、計画することができていない**からです。


たとえば工作機械であれば、「この機械があれば製造能力は現在の20%増になる」といった目算を立て、それを実現できる機械を選ぶはずです。性能の高い工作機械が欲しいのに、トラックを買ってしまうなどというおかしなことは起こりません。

ところが、デジタル化の場合はそれに似たことが起こり得ます。

その原因は、システムを構成するソフトウェアが非常に多機能で、しかもその効果が物理的に見えないからです。

機能が豊富だということは、それだけ目移りや迷いも発生します。当社にご相談にいらっしゃったある社長は、販売管理システムを導入したかったのに、ＩＴベンダー[*2]との話のなかで顧客情報管理機能を説明され、そこばかりに興味をそそられてしまいました。そのため肝心の販売管理機能の確認がし切れず、導入してみたら当初望んでいた機能がなかった、という失敗を経験しました。

また、別のある加工業の社長は、せっかくシステムを導入したにもかかわらず、それ

＊2　ITベンダーとは　デジタル化に必要なソフトウェアやハードウェアを提案し、開発や設定を行う業者のこと

が持っている機能の過半数が使えず、ほぼ伝票発行ソフトになってしまった、という失敗を味わいました。

これも、その会社が「何を重視しているのか」について、こだわり切ることができなかったが故の失敗です。

デジタル化には、「導入した・動いた・使えない」という失敗に至る落とし穴が、いくつも待ち構えているのです。

社長の根深い不信「デジタル化は会社の業績に貢献しない」

このような経緯で一度失敗すると、それは社長にとって大きなトラウマとなります。数百万円～数千万円という多額のシステム化投資を決断したにもかかわらず、経営面で目立った効果が出てこないのですから、たとえシステム自体は動いていても、社長の立場からしたら「こんなはずではなかった」という大きな後悔を覚えて当然です。

中小企業庁が公表している『中小企業白書』にも、それを裏づけるデータがあります。「デジタル化による業務効率化やデータ分析に取り組んでいる」企業のうち、じつに47・7パーセントが「費用対効果がわからない・測りにくい」と答えているのです。母数が「デジタル化に取り組んでいる」と表明した企業ですから、何らかのデジタル化投資をしているはずですが、その約半数が費用対効果の観点で課題を抱えていることになります。

■デジタル化に取り組む際の課題

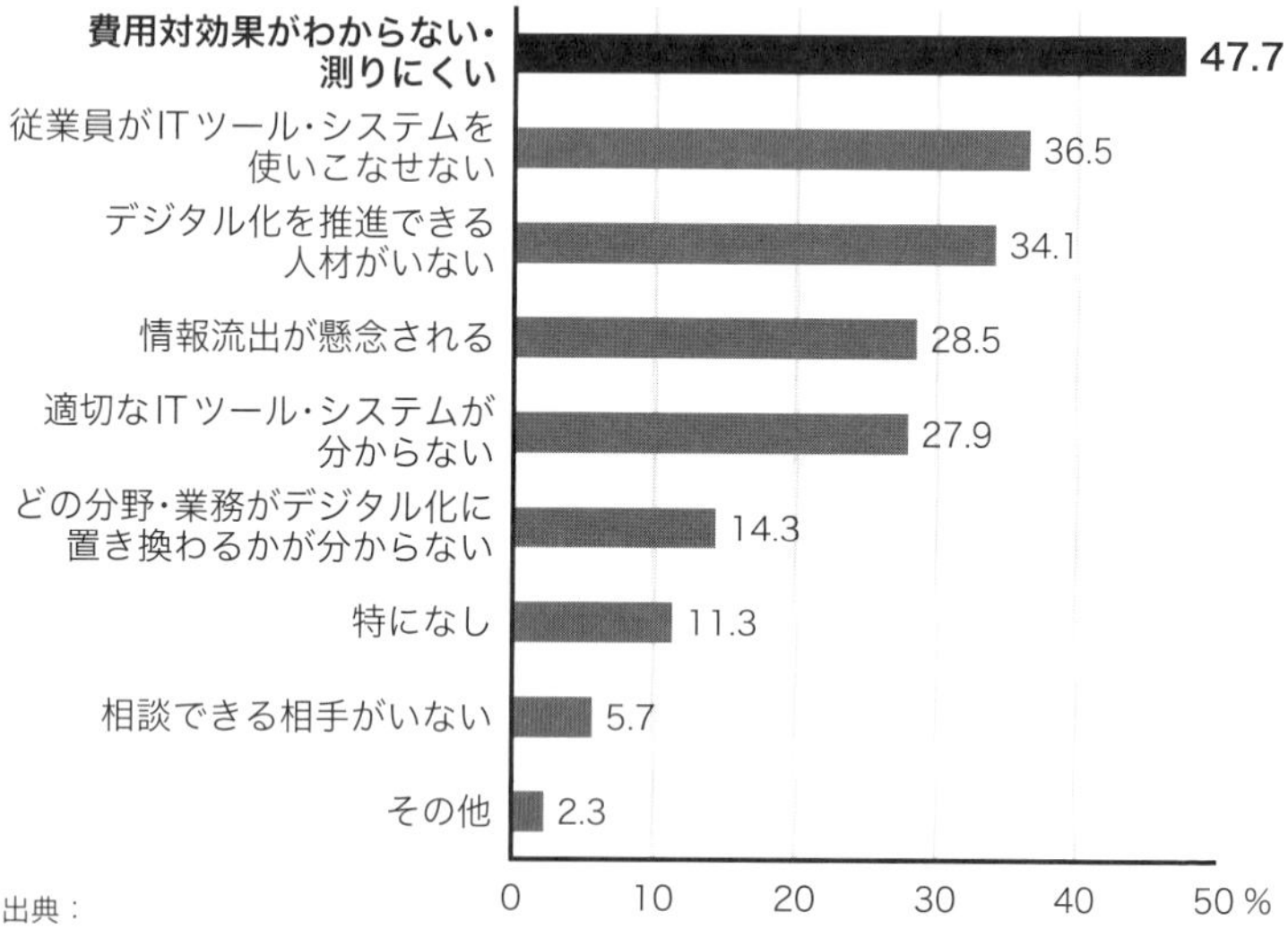

出典：

『中小企業白書・小規模企業白書2022年版』（中小企業庁編）

第２－３－３９図「デジタル化の取り組み状況別に見た、デジタル化に取り組む際の課題」のデータをもとにベルケンシステムズ㈱が作成

「デジタル化による業務効率化やデータ分析に取り組んでいる状態」の企業アンケート（n=2,180）結果を利用

② デジタル化が失敗する本質的な原因とは

デジタル化が失敗に終わる2つのパターン

当社は創業以来、このような「失敗談」をいくつもお聞きしてきましたが、その大半は2つのパターンに大別できます。

1つは、「社長が自分自身でシステムを選定して導入したが、現場作業に合わなかった」というものです。

これは、創業社長に多いパターンです。社長のお話を伺っていると、「自社の業務は全部把握している。それをデジタル化して合理化する方法もイメージできている。しかし良かれと思ってシステムを導入したら、現場の担当者が使えないと言ってきた。理由を聞くと、細かな困りごとを次から次へと主張し始めてらちがあかない……」。

だいたいこのようにまとめることができます。本書で順番に解き明かしてゆきますが、社長は業務を熟知しているようでいて実際はよくわかっていない、または、社長が自ら現場業務を担っていた時代と現在では仕事の流し方がまったく違うことが、その失敗の原因となっています。

もう1つのパターンは「現場担当者にシステム化を任せた。どうにか導入までこぎ着けたが、売上にも利益にも効果が出てこない。これでは投資した意味がない」というものです。

現場は現場なりに課題や困りごとを抱えているものですが、その現場の想いや悩みが、社長や経営幹部の抱えている経営課題と合致しないために発生するものです。

このような失敗を繰り返さないためには、

会社や社員が成長するために、どのようなシステムが必要なのかを明確化し、それをITベンダーに説明できるようにする

ことが肝要で、これこそが「デジタル化特有の買い方」です。

しかし、これがじつにむずかしいものであるため、冒頭に申し上げた社長の困りごとにつながってゆくのです。

充分な検討なしにパッケージを導入

「だったら、パッケージソフトウェア[*3]を買ってきて、それに仕事のやり方を合わせればいいではないか」と思われるかもしれません。確かに、このやり方はあちこちで聞くものですし、「世間の標準的な業務手順に合わせれば、業務効率は格段に上がる」との主張もよく耳にします。

しかし、本当にそうでしょうか？　つい、私たちは「世界中でこの方法がいいと言っているのだから、いいに決まっている！」と考えがちですが、中小企業の現場担当者に現在とはまったく異なる業務方法を押しつけるのはいかがなものでしょうか。

良くも悪くも日本型の雇用環境が残っている中小企業の現場では、日本人特有の「柔軟性」や「気配り」が、会社の業務を回すのに不可欠になっています。

一方で、標準と呼ばれるものの多くは、明確に業務分担が定められていることを前提に設計されています。そのため、日本人的な「柔軟さ」や「例外的な対応」は重視されません。

もしも中小企業の現場とは違う業務手順を前提に作られているパッケージソフトウェアを導入しようとすると、仕事の流し方を変えるだけにとどまらず、社員同士の結びつ

＊３　パッケージソフトウェアとは　ITベンダーがあらかじめ機能や仕様を定め、それを完成品として販売しているソフトウェア。基本的にユーザーはその仕様のまま使うことになる

きや分担の文化にまで手を入れることになってしまいます。

多くの社員を抱えている大企業であれば、それもできるかもしれません。しかし、数人ですべての業務を回している中小企業にとって、この変革に耐え切るのは並大抵のことではありません。

そのため、日本でのパッケージソフトウェアの導入では、機能をカスタマイズする比率が高くなりがちなのです。カスタマイズ比率が高くなれば、予算が膨れ上がるリスクも高まります。

すなわち、現場から業務プロセスをヒアリングして意見を取り入れ続けた結果、カスタマイズ機能が増え、導入決定当初の見積金額をはるかに超えてしまう、というリスクです。その結果、ＩＴベンダーと導入企業の間でトラブルになるケースは少なくありません。

「パッケージに業務を合わせる」ことは、パッケージに合わせて業務変更するとどういった影響が出るか、自社の業務を細かく分析した上で、導入インパクトを社長自らが把握し、影響度を判断できないとうまくいかないのです。

社長は業務を知らない？　業務プロセスの流動性

前述の失敗の主なパターンの１つ目は「社長が導入したシステムを現場が使えない」というケースでしたが、これは「**業務の流動性**」に起因しています。「業務の流動性」とは、社長が自らの手で現場業務を回していた時代と、別の社員が回している現在との間で業務プロセスが大きく異なることがある、という意味です。

たとえば、次のようなときに業務の流動性、つまり変化が発生します。

- 営業が大手企業から新規の取引を獲得してきた
- さっそく発注が来たので、受注処理して出荷準備をしていた
- そこへ客先から「**納品伝票はこの帳票を使ってください**」「**請求書は月末締めで工場ではなく本社の資材部門の担当者に送ってください**」と指示された
- 指定された帳票は自社のソフトウェアでは印刷できないため、ワープロ打ちで対応することにした
- 納品先と請求書の送付先も、ソフトウェア上では別々にすることができなかったので、**担当者が月末に個別処理**することにした

いかがでしょうか？　新規取引獲得を境目にして、いきなり業務プロセスに例外処理が加わりました。私がこの話を現場の社員から聞いた際、同席していた社長はその事実をまったくご存知ありませんでした。

この例は「取引獲得」という1つの節目で発生した業務の変化ですが、日本の中小企業では、現場担当者が2人いれば、その2人の間で日々さまざまな工夫が話し合われ、仕事のプロセスをどんどん変えていってしまうのは日常茶飯事です。いえ、社長の皆さんはそのような現場での創意工夫をむしろ奨励されているはずです。

これが何年も積み重なれば、数年前にやっていた業務の流れが現在とまったく異なるのも当然でしょう。

私はこれを「**業務の流動性**」もしくは「**業務プロセスは生き物だ**」と表現しています。同じ仕事を複数の人やチームで分担している場合も、社員の間で仕事の進め方が大きく異なることがあります。

たとえば、「同じ仕事をAさんとBさんの2人で分担してもらっているのに、AさんのほうがはるかI処理件数が多い」といったことはよくあります。このケースではAさんの仕事の進め方のほうがBさんよりも効率的なわけですが、隣り合って座っていて、毎日何回も相談しているにもかかわらず、仕事のプロセスが大きく異なっていることも中小企業の場合は多く存在しています。

人ごとに違うだけでなく、同じ仕事を複数のチームで分担しているケースも同様です。1つのチームの業務プロセスだけを考慮してソフトウェアを導入したら、別のチームから大クレームがついた、というのはよくある話です。

つまり、**業務プロセスは人の数と同じ数だけ存在する**と考えても間違いないのです。

業務を支援するシステムを導入する場合、どうしても現在の業務プロセスの可視化[*4]と分析、標準化作業[*5]が避けられません。それをやっていない、または不十分だった場合には、期待した導入効果が得られない、業務がかえって非効率化した、そもそも新システムが稼働できない、カスタマイズ機能が膨れ上がってしまい予算を超えた、といったさまざまな失敗を引き起こします。

これが、**中小企業がデジタル化に失敗する本質的な原因**と言っても過言ではありません。

＊４　業務プロセスの可視化とは　担当者や担当部署ごとに業務の順番と内容を具体的に書き出すこと
＊５　標準化作業とは　人や組織ごとに異なっている業務プロセスを統一のものにしてゆく作業のこと

③ 業務効率化に偏りすぎる日本企業のデジタル化

じつはむずかしい「デジタル化による効率化」

さて、さまざまなハードルを越えてソフトウェアを導入できたとしましょう。社長が現場を見に行くと、要所要所にパソコンやタブレット端末が設置され、担当者が作業しつつ入力しています。そうした姿を見ると「当社もようやくデジタル化ができた」と感慨にふける社長もおられると思います。

一見すると紙伝票に依存したアナログ作業がデジタル化されており、効率的になったと感じることさえできるでしょう。担当者に聞いても「このソフトウェアで相当便利になりました。管理も伝票でやっていた頃に比べてずっとラクです」といった肯定的な意見がほとんどで、否定的なことを言う人は見当たりません。

ところが、その状態で1か月経ち、半年経ち……。やがて決算の数字が出てきました。それを見て社長はモヤモヤを感じることでしょう。

なぜなら、「残業代が減っていない」とか「在庫が減っていない」など、**ソフトウェアの導入投資に見合った経営面での効果が数字に現れていない**からです。

「作業が効率化するという話だったので投資に踏み切ったのに、どうして数字に現れてこないのだろう？」

こうした疑問が頭のなかでどんどん大きくなります。そこで担当者を呼び出し、再度導入効果を問いただしますが、「社長、作業は効率的になりましたよ。みんなラクになっているはずです」と言い切ります。

そんなおかしなことは考えられませんよね。

しかし、当社のお客さまの過去の体験談を聞くと、ほとんどの社長が多かれ少なかれこのようなモヤモヤを経験されています。

じつは、そもそも中小企業が業務をデジタル化する際、その目的を「効率化」におくこと自体に無理があるのです。

たとえば、「○○業務の作業を効率化しよう」と考えてソフトウェアを導入したとします。その業務を担当している社員の立場からすれば、「これで作業時間が大幅に短縮できる」と思うでしょう。

しかし、その短縮された時間をほとんどの社員は仕事の質を上げたり、それまで省略していた仕事をしたり、という方向で埋め戻してしまいます。当然、作業時間が短縮した効果は経営指標に現れません。

別の例では、「今までサービス残業をしてきたが、ソフトの導入によって正規残業だけで済むようになった」というダークな話も現実として聞きます。これも経営指標には出てきません。遵法面で問題だった状態が改善されたのでそれでよし、と判断することも可能ですが、数字には現れない……。

そもそも、作業効率を改善することをソフト導入の目的にするのであれば、相当な規模の企業でなければ目に見える効果を出すことは困難なのです。

投資額500万円の経費節減効果は?

簡単な計算をしてみましょう。経費節減を目的に、仮に500万円のシステムを導入したとします。この500万円を5年で回収するのであれば、年間100万円の経費節減効果が出ないといけません。それには、ざっと月あたり8万円以上の経費節減効果が必要です。これは、半日勤務の短時間アルバイト1人程度の人件費に相当します。

つまり、その業務を10人ぐらいでやっている企業であれば、その程度の工数削減効果[*6]で投資をペイできそうですが、もともと2人でやっているような中小企業にとっては非現実的です。2人分の仕事を1人ちょっとでできるようにするには、よほど仕事の抜本的な改革ができなければならないからです。

しかも、この500万円というシステム投資金額はかなり低めに見込んでいます。通常、在庫管理や生産管理機能を持った販売管理システムを導入した場合、1000万円を超えることもあるので、その投資を回収しようとすると、かなり大規模に効果が出なければならないことになります。

社員数が数十人レベルの中小企業で、業務の効率化だけを目的に投資すること自体がそもそも無茶なのです。

＊6　工数とは　作業量を指す概念で、「ある作業が完了するまでに必要な時間と人数」のこと

④目指すべき「企業のデジタル化レベル」とは

どうなれば「デジタル化した」と言えるのか?

では、中小企業は何を目的に、どこまでデジタル化するべきでしょうか? 私はそれらを「企業のデジタル化レベル」という概念でまとめ、自社のデジタル化にとりかかる前に自己診断されることをお勧めしています。それが次ページの図です。

レベル①は、いわゆるデジタル化の初期段階で、電卓仕事からパソコンを使った仕事に切り替わった段階です。「会社に1つ以上のメールアドレスがあり、ホームページも業者に作ってもらった。簡単な計算は表計算ソフトでやっている。パソコンはネットワークに接続されており、ファイルやプリンターの共有ができている」といった状態をイメージしてください。

しかし、あいかわらず取引先からの注文は紙やファックスで送られてきて、社内処理も社内伝票など紙での運用が多く残っている、といった状態でもあります。

■「企業のデジタル化レベル」の概念図

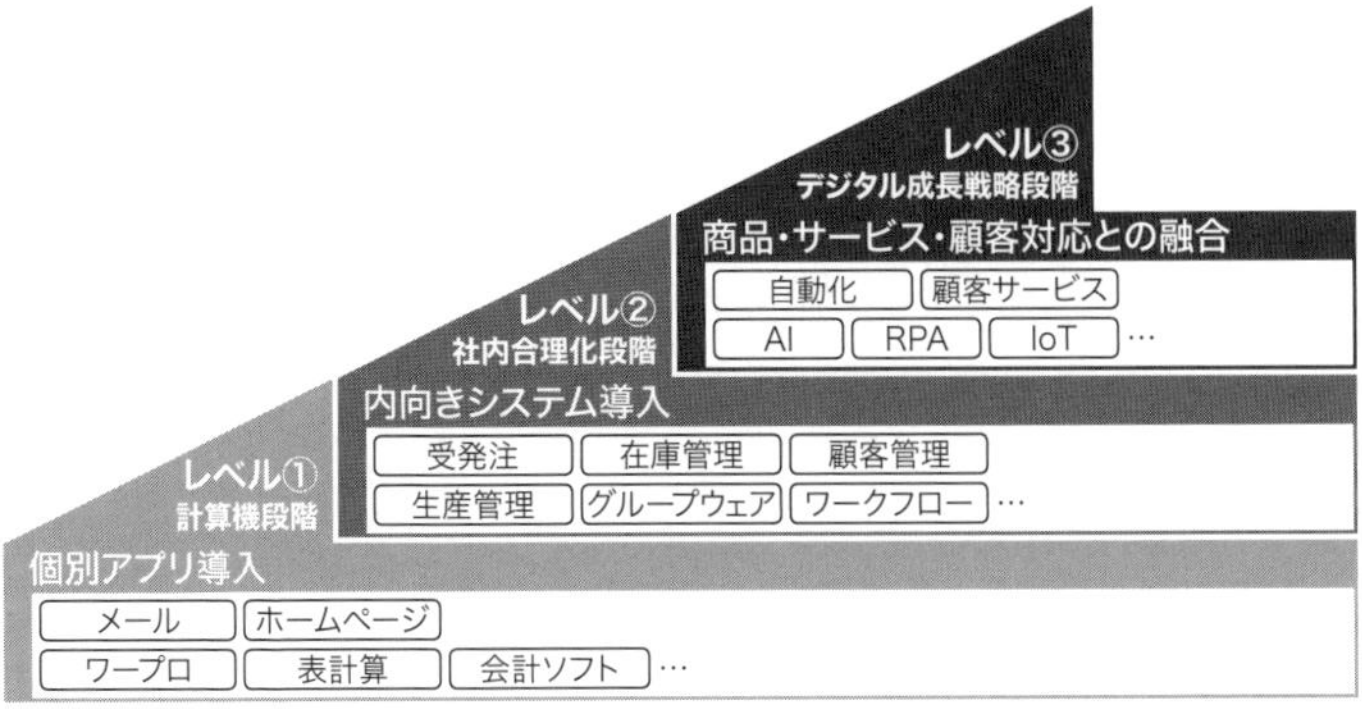

レベル②は、レベル①を一歩抜け出し、何らかの業務システムが導入されている段階です。たとえば「受注が来たらそれをパソコンに打ち込み、出荷までの業務をシステムで管理している。帳票の印刷もこのシステムから出力される」という状態です。

しかし、一歩システムからはみ出す仕事が必要になると人の手によって処理しなければならず、複数のシステムが入っている場合は、システム間の橋渡しを人間が行っている状態です。

レベル③は、業務システムの導入にとどまらず、最新の各種デジタル化ツールを組み合わせて応用し、カスタマーサクセス[*7]推進にまで手を広げている

＊7　カスタマーサクセスとは　顧客の満足度向上だけにとどまらず、顧客の業務や体験そのものを成功に導く活動のこと

状態です。この段階に到達すると、社外から見ても「あの会社は随分変わったな」と認識されるようになります。

レベル①の特徴

当社の門を叩かれる会社は、ほとんどの場合がレベル①にとどまっており、皆さん「うちの会社はアナログ仕事ばかりで……」と口を揃えておっしゃいます。

レベル①の会社の特徴を挙げると、次のようになります。

- 伝票から表計算ソフト等に入力する仕事を複数回繰り返している（2度打ち3度打ちは当たり前）
- ファイルサーバー[*8]があっても、データの共有はほとんどできていない（せいぜい帳票の書式ファイルがおいてある程度）
- ネットワークでパソコンはつながっているが、それぞれのパソコンに入っているソフトウェアはまちまちで、バージョン番号も統一されていない
- ファックス回線がつながった複合機が導入されていて、ネットワークにもつながっているが、ファックス・コピー・印刷にしか使っていない

＊8　ファイルサーバーとは　電子ファイルを関係者間で閲覧・共有するためのコンピュータ

- 受注処理など、商売関係の帳票は全部紙でやっていて、「原本はどれ？」と聞かれると、全員紙のファイルを指さす
- 内線電話の通話数が非常に多く、社員間で細かく電話で相談しながらでないと仕事が進まない
- メールは1日に数回チェックするだけで、あまり頼りにしていない
- お客さまから納期の問い合わせがあると、担当者間で相談してから答える
- 売上は会計ソフトに入力して管理しているが、内訳まではわからないので分析はむずかしい　等

いかがでしょうか？　ほぼ昭和の事務所の光景そのものですね。電卓がパソコンにおき換わっただけの状態です。しかも現実には、このような会社が非常に多く残っていることも事実です。

レベル②の特徴

では、レベル②の特徴はどうでしょうか？

- 受注処理は販売管理システムを使って、端末で入力処理をすれば完了する
- しかし、販売管理システムでは対応できない情報は表計算ソフトに入力して、別管理している
- 表計算ソフトと販売管理システムに二重入力しなければならないこともある
- 納品書や請求書は紙で送るようにしている
- お客さまからの問い合わせはメールと電話で受けている。納期の問い合わせは販売管理システムを見れば出荷間近のものはわかるが、将来の見込みはわからない
- 販売管理システムに登録する欄がない情報も管理しなければならないので、受注に関する原本はどうしても紙になってしまう　等

レベル②は、一見デジタル化された会社に見えるものの、方々で二重入力や二重管理をしており、しかもそれを改革する方法が簡単には見当たらないのが特徴です。レベル②の状態になって久しい会社ではたいてい複数の業務システムが動いていますが、それらの間でデータの連係ができておらず、人間が介在するケースもよく見られます。せっかくシステムが入っているのに、じつにもったいない状態ですね。

レベル③の特徴

最後にレベル③の特徴を述べます。レベル③は、中小企業のデジタル化の目標到達レベルです。

レベル③にもいろいろな状態がありますが、たとえば次のような様子です。

- 大手企業からの受注はインターネット経由で電子商取引[*9]となっている
- 取引先が電子商取引に対応できていない場合は、紙の注文書を文字認識ソフトで読み取り、ほぼ半自動的に販売管理システムに登録される
- 受注処理以後の業務はほぼすべてペーパーレス
- 表計算ソフトは分析などに使うのみ
- 納品書・請求書は電子ファイルで送り、紙で提出することは基本的にない
- 納期などの問い合わせを電話やメールで受ければ即答できる
- 受注した後の社内処理の進捗状況は、お客さまに逐一リアルタイムに送信される
- 複数の業務システムが稼働している場合は、その間のデータの受け渡しも自動化されている　等

＊9　電子商取引とは　企業と企業の間でシステムが受発注などの取引情報を電子的に受け渡しする仕組み

さらにレベル③の特徴は、**デジタル化による改革・改善が常に進行している**ことです。業務システムを1回入れてしまうと、とかく固定化しがちです。理想的な姿を実現できたと思っても、業務プロセスは生き物のように変化しますし、変化させないとビジネスチャンスを失うことになりかねません。

ソフトウェアに改善や変更の必要が生じたとき、レベル③の企業は社員や社外のＩＴベンダーの手を借りて、使っているソフトウェアの機能を変更できます。ソフトウェアがパッケージ化されていて容易に改造できない場合には、ＲＰＡ（ロボティック・プロセス・オートメーション）といったパソコン作業の自動化ロボットを使って、機能変更の必要を満たすアクションを取ります。

つまり、デジタル化のＰＤＣＡを着実に回すことができる段階がレベル③です。

レベル①はもとよりレベル②でも、成長に直結するデジタル化ができたとは言えません。経営者には釈迦に説法ですが、企業の成長には企業組織がビジネス環境に合わせて常に競合よりも早く、正しく適応してゆくことが必須条件です。

したがって、レベル③に到達してこれを実現しない限り、デジタル化による成長は実現できないのです。

⑤ 表計算ソフトに潜む落とし穴

デジタル化に逆行する「表計算ソフトの蔓延」

さて、レベル①や②の会社の現場にお邪魔すると、多くの場合、表計算ソフト[*10]が多用されています。その中身を拝見すると、むずかしい関数や、ときにはマクロまで組まれているケースが多くあります。

なかには、「当社は全部表計算ソフトのデータで仕事をするようになっているので、かなりデジタル化が進んでいると思っています」と胸をはる社長も見かけます。表計算ソフトをうまく使っていれば会社のデジタル化は充分なのだ、というにわかには信じられない誤った認識の経営者が少なくないということです。

表計算ソフトを高度に使いこなすことについて、頭から否定することはいたしませんが、表計算は表計算です。あくまでも表のなかで縦横の計算をするのがこのソフトの役

＊10　マクロとは　表計算ソフト上で決まった操作を登録し、それをワンタッチで実行できる機能のこと

目です。データとデータの間の連係とか、データの書式を定型化する考え方がまったくなく、そもそものようには作られていないものなのです。

日々大量にくる受注や、それに応じて発行しなければならない発注書を自動作成するための専用ソフトではありません。生産計画を立案して実績を管理する専門ソフトでもありません。

もちろん、スタッフの手で売上分析や予実管理のために使うのであればまったく問題ないのですが、これを企業の日常業務に組み込もうというのは考え違いです。それらの業務に表計算ソフトを無理矢理使おうとすると、どうしても関数や高度な機能を多用することになります。そうしないと使えないからです。

何回も言いますが、表計算ソフトは表を計算するためのソフトなので、表の外側とのデータ連係は基本的にできない、または機能不足です。したがって複数の部門間にまたがる仕事を表計算ソフトでこなそうとしても、おのずから限界があります。仕方なく、表から表へデータのコピー&ペーストを頻繁にするようになり、その単純作業が社員の仕事の一部になってしまいます。

こうなると、表計算ソフトはもはやデジタル化を阻む「業務のハードル」と言わざるを得ません。この状態を私は、

表計算ソフトへの過度な依存がデジタル化を阻害している

と呼んでいます。

表計算ソフトのブラックボックス化が招くリスク

さらに、表のなかに高度な関数や機能が組み込まれていた場合、作った本人以外の人には判読がむずかしくなります。そのため、時が経過するにつれ、しまいには改造すらできない状態になります。

会社によっては、「この表を作った人はもう会社にいない。中身を修正したくても、難解でまったく理解できないからいじることができない。この表が運用できなくなったら、どうしたらいいのかわからない」こともあります。

実際、お客さまのところにお邪魔している際に、総務部門の担当部長が困った顔で「鈴木先生、この表が複雑で困っています。少し修正したいのですが、どんな処理をしているかわかりませんか?」と聞いてこられたことがあります。その表を作った張本人はすでに退職しており、ファイルだけが残ってしまったそうで、表に数字を入れると必要な伝票が出てくる構造になっていました。しかし、中身の詳細は私が見ても皆目見当がつかず、早々に諦めるようにお願いするしかありませんでした。

このような会社でデジタル化を進めようとすると、業務内容を分析するために、その難解な表を読み解かねばならず、このために膨大な工数がかかることもしばしばです。

つまり、

「表計算ソフトに入力すれば、後はソフトが自動的にやってくれる」

といったことは誤解にすぎず、たいていの場合は表を運用するために、社員がかなりの時間をパソコン作業に費やしていたり、表計算ソフトがある日突然バージョンアップしていつも使っている表が使えなくなるなど、事業継続上危ない橋を渡っているのです。

表計算ソフトが立ち上がっているパソコンと一日中にらめっこをしている社員が複数社内にいませんか？

表計算ソフトの使い方の解説本が社員の机に並んでいることはありませんか？

このような光景を見たら、それは御社のなかにデジタル化推進を阻む高いハードルがある証拠です。

⑥ あなたの会社のデジタル化レベルは？

自己診断してみよう

では、レベル①から③のうち、自社がどの程度のデジタル化レベルなのかを把握する方法をご紹介しましょう。

本書の読者の場合、おそらく「自社はデジタル化できていない」とお考えのケースがほとんどだと思います。つまり、レベル③には到達していない。問題はレベル①なのか②なのかです。

「業務システムが入っていれば、レベル②に決まっているのではないか」と思われるかもしれません。しかし、ここが厄介なのです。

以後、本書にも事例として登場するA社は、まさに「一見するとレベル②」でした。A社は製造業で、数年前に生産管理システムを導入していました。にもかかわらず、うまく使いこなせないため、ソフトウェアの入れ替えを余儀なくされました。導入した生産管理システムが会社にとって不適合なところが多く、結果的に売上管理機能だけを使う状態になってしまっていたからです。

かなりの投資をかけて、せっかく生産管理システムを導入したにもかかわらず、結局機能を使い切れずに、表計算ソフトと紙伝票に頼る業務に戻っていたのです。A社は一見レベル②ですが、実質的にはレベル①だった、ということになります。

B社の場合は、少し様相が異なっていました。

B社も製造業で、電子部品を仕入れて製造し販売するビジネスです。B社の場合は、複数の自社製ソフトウェアを導入しており、在庫管理や製造管理に使っていました。ところが、これらの間のデータ連係ができておらず、機能も不足していたために、どうしても担当者ごとに表計算ソフトが必要となり、結果的に「この部品の全社在庫は？」という単純なニーズにすら対応できない状態に陥っていました。

B社も一見レベル②に見えますが、実際にはレベル①と言えるでしょう。

業務プロセスの変化でデジタル化レベルは後退する

今度は、少し切り口が違うC社の場合です。

C社は20年ほど前に業務システムを導入し、注文や製造、出荷処理を横断して使えるようになっていました。社内伝票の運用もほぼゼロで、当初は理想的なデジタル化ができたと思われていました。

ところが10年経ち20年経ち、仕事の流し方が少しずつ変化してきました。それに応じて少しずつソフトウェアを修正していたのですが、システムの基礎部分が古くなってくると、さすがに新しく機能を追加することができなくなってきました。やがて、もうソフトウェアの改造は無理だと判断し、業務システムで対応できなくなったところは表計算ソフトで代用するようになっていきました。

この例は、明らかにデジタル化レベルの後退局面に入ったと判断できます。

いったんデジタル化レベルを上げることに成功したにもかかわらず、業務プロセスの変化に対応できないがために後退局面に入ってしまう……。このような事例も枚挙にいとまがありません。

さて、それでは簡単な自己診断法をお教えします。次のどれか1つにでもチェックが入るようであれば、御社はデジタル化レベル①です。

□定例業務を回すためには表計算ソフトの使用が必須である
□社内で紙の伝票が回っている
□お客さまから対応の遅さを指摘されている
□お客さまに紙やファックスで帳票を送っていただくようお願いしている
□同じ仕事をしている担当者間で仕事のやり方が違う・作業効率が違う
□事務職の社員が「テレワークはできない」と言っている

いかがでしょうか？　誤解のないようにつけ加えますが、たとえこの自己診断結果が悪くても、まったく心配いりません。本書はそのような企業のために、レベル①から一気にレベル③に登るために社長が取るべき行動を解説する本です。

本書に書いてあるレベル③への登り方・デジタル化の仕方を少しずつ着実にこなしてゆくことによって、お客さまへの提供価値を継続的に高めて社内の生産性も同時に上げてゆく、デジタル化レベル③の会社になるロードマップを手にすることができます。

⑦ 中小企業には中小企業のデジタル化の方法がある

なぜ少ない？　中小企業向けのデジタル化情報

では、デジタル化レベル①や②の中小企業は、どうやってデジタル化を進めればよいのでしょうか？

大企業の事例はいくらでもネットに転がっていますし、失敗例ですら多数書籍化されています。しかし、中小企業にとって参考となる情報はあまり見当たりません。

少し横道に逸れますが、情報が見当たらない理由は「書籍にできるほどの事例を手掛ける大手ＩＴベンダーは、大きな収益が見込める大手企業向けのビジネス展開が中心になっている」からです。

本来なら、中小企業向けにビジネス展開をしている中小ＩＴベンダーの数がもっと多くてもいいはずですが、日本のＩＴ業界は、大手ＩＴベンダーの開発プロジェクトに中小ＩＴベンダーが下請けとして参加する、もしくは人材派遣で人を出す、ということが多い基本構造になっています。中小企業向けをメインとしているＩＴベンダーは少数派で、当然、事例もあまり公表されておらず、参考になる情報が見当たらないのです。

政府もその問題を把握しており、中小企業向けのデジタル化施策として補助金制度を整備したり、ＩＴベンダーとのマッチング事業に乗り出すなど、対策は少しずつ進んでいます。それでもまだ、大企業向け中心の情報の洪水のなかにいることに変わりはありません。

中小企業に合ったデジタル化の方法とは

それ故に中小企業の社長は、大企業向けのデジタル化の進め方をそのまま採用しないように、充分注意する必要があります。

繰り返しになりますが、大企業にとって流行りのデジタル化の進め方に、「パッケージソフトウェアを導入してそれに仕事のやり方を合わせる」という方法があります。これは、トップダウンで物事が進む会社でよく見かける進め方です。

これはこれで正しい場合もあるのですが、先述したとおり、中小企業がソフトウェアに合わせて細かく仕事のやり方を変えるのはとても大変です。画一的にどの会社にもお勧めできる方法ではありません。

また、どのようなデジタル化がよいのか、その方針を専門家に委託して策定してもらう方法もあります。大手コンサルティング会社はこのような仕事を大企業向けに提供しており、典型的な例では、数か月間、顧客企業にチームで入り込み、全社ヒアリングをした上で課題を整理し、どうするべきかをまとめた調査結果報告書と提言書を作り上げる受託サービスを展開しています。

これもうまく使いこなすことができれば有用ですが、如何せん中小企業の体力に見合った金額をはるかに超えたお金と時間、そして社員の手間がかかります。社員があまり関与せずに進んでしまうと、受け取った提言が自社に適さないものになりやすく、お金と時間の無駄遣いになるリスクもあります。

一方で、当社が提唱する進め方はこれらとまったく異なります。つまり、

社長と社員によるＤＩＹで方針を作り、計画を立て、
どのようなシステムが自社のデジタル化に必要かを説明できるように、
デジタル化方針書と計画、ＩＴベンダーへの提案依頼書を作る

というアプローチです。

これにも当然、手間も時間もかかります。

しかし、第三者に依頼してゼロから組み上げるものではないので、的外れになることはありませんし、結果的には短期間で済むことも少なくありません。社長も関与するアプローチですから、経営視点からの検討もできます。

そうしてできあがったものは、その会社にとっての成長軌道の設計図とも言えるものです。単に「システムを導入すればよい」と短絡的なアクションを取るのとは次元が異なります。

これは言い換えると、**経営方針にデジタル化要素を組み込む作業**です。

⑧ デジタル化成功への4ステップ

デジタル化を成功に導く黄金の4ステップ

さて、前置きはこの辺で切り上げ、本題に入りましょう。

当社が提唱するデジタル化の進め方には4つのステップがあります。当社ではこれをデジタル化を成功に導く**黄金の4ステップ**と呼んでいます。

黄金の4ステップとはどのようなものなのかご説明しましょう。

ステップ1 改革の主戦場の明確化

いわゆる現状把握のステージです。現場社員で構成するプロジェクトチームを作り、「社長の持つ課題」と「現場の持つ課題」をそれぞれ分け隔てなく取り上げます。

そして、それらの課題すべてを分類していき、「どの業務カテゴリーが重点的に改革されるべきか」（改革の主戦場はどこにあるのか）をざっくりと決める作業を行います。

ステップ2「業務プロセス管理図」注による業務分析

単に課題をまとめただけでは、その発生原因は不明のままです。さらに、複数の原因が複雑にからみあって課題や困りごとを引き起こしていることもあります。

ステップ2では、業務を可視化して、これらの課題や問題を引き起こしている原因を明確化します。

ステップ3「デジタル化方針」作り

ステップ1、ステップ2の結果を踏まえて、どのような方向性で対応してゆくかを定める「デジタル化方針」を作ります。この方針は、プロジェクトメンバー全員の理解と納得を得つつ作りあげてゆきます。

そして、社長が自らの言葉で文章にします。

ステップ4 効果目論見とベンダー選定戦略

何よりも大切な「改革を行うことで、会社はどのような効果を得られるのか?」を明確化します。本書ではそれを「**効果目論見**」と呼びます。

そして、それに必要なデジタル化を実現してもらうＩＴベンダーを選定するための準

注 「業務プロセス管理図」は、ベルケンシステムズ㈱の登録商標です

備を行います。

これら4つのステップの詳しい解説とその具体的な進め方については、第3章以降、事例も交えて解説してゆきますが、4ステップ全部を終えた社長とプロジェクトメンバーの手元には、1冊の書類が完成します。それは、ITベンダーに「自社に最適なデジタル化ソリューション」を提案してもらうために、「自社が考えていること」を記載した**提案依頼書**（**RFP：Request for Proposal**）です。

RFPをまとめることによって、自社の目指していることや解決したいこと、そして、それによってどのような効果や成長を得たいと考えているかについて、ITベンダーに説明できるようになります。ITベンダー側も、RFPが提示されることによって、その会社が何を欲しているのかを理解できます。

これがないと、ITベンダーとしても顧客のニーズに合致しているか確信のないまま、とりあえず販売しているシステム製品や開発事例をかたっぱしから紹介する、といった根拠のない提案作業をしてしまう可能性があるので、RFPの提示は大いに歓迎してくれます。

これらを社長と現場社員たちとの合同作業によって検討・作成していくことで、本書の冒頭で解説した、〝よくある失敗〟を回避できるようになります。

ＲＦＰをしっかりまとめ上げることこそが、中小企業のデジタル化を失敗に終わらせないただ１つの方法なのです。

社長はプロジェクトに関与し続けよ

さて、黄金の４ステップを登ってゆく際に、社長はどのように関与するべきでしょうか？

単刀直入に言えば、「丸投げは厳禁」です。むしろ、プロジェクトのリーダーは社長であるべきです。

司会や書き物の作成は各メンバーに割り当てればよいのですが、社長は直接的な関与をし続けなければなりません。そこが甘いと、経営課題にこだわり続ける人間が育たず、議論の中身がどうしても小粒になってしまいます。

また、効果目論見も経営指標との関連性が曖昧になる可能性が高くなります。

さらに、ベンダーの選定には、社長にしかできないコミュニケーションを必要としますので、少なくともこの４ステップを進める期間中、社長はプロジェクト活動に積極的に関与する必要があります。

逆に言えば、社長がリーダーシップをもって４ステップをきっちりとやり遂げれば、その後のソフト開発や導入、立ち上げをプロジェクトメンバーが一丸となって遂行する体制が整備できるのです。黄金の4ステップは、長きにわたって社長をサポートしてくれるチームを作る期間なのだ、と捉えることもできます。

また、選定したITベンダーは、会社を長期間にわたってサポートし続ける重要なビジネスパートナーです。ビジネスパートナー選びは、社長が自身の感性に頼って腹落ちしなければできないことです。

中小企業がデジタル化を成功させるには、最後の最後まで社長が関与し続けなければいけない理由をご理解いただけると思います。

手厳しい言い方をしますが、社長が途中でプロジェクトを放り出した場合、高い確率でデジタル化は失敗します。「こんなはずではなかった」と後悔しないよう、社長は最後まで、リーダーとしてプロジェクトを引き締めていってください。

さて、全体の進め方はざっくりと把握していただけたと思いますが、課題や困りごとを検討する際、単にそれらを個別に「解決する」という考え方しか持っていない場合、改善レベルのことはできても「改革」にはなりません。せっかくデジタル化を進めるのですから、会社や社員の成長にきちんと直結させなければ大損です。

そこで次章では、成長に直結させる考え方のなかでも重要な「**カスタマーサクセスと顧客接点**」について説明し、皆さんの会社ではどのような改革ができそうか、イメージを膨らませるためのネタを仕入れていただきます。

その上で、第3章から順を追って、黄金の4ステップの実務的手法を具体的に説明してゆきます。4ステップの順番を入れ換えることは不可能ですし、仮に飛ばしたり入れ換えたりした場合は、かなり高い確率でとん挫したり、失敗を招きます。

それぞれのステップの活動の流れと趣旨を理解して初めて、デジタル化成功の勘どころを掴めるのです。

第 2 章

デジタル化で会社を成長させる「顧客接点改革」

Process Digitalization

2

①効率化目的のデジタル化では成長は得られず

デジタル化と作業効率向上信仰の因縁の関係

昔のことを持ち出すのは、懐古主義的で現代には通用しないことも多くありますが、ことデジタルについてはその歴史を紐解くと、意外にも近年のデジタルトレンドがどうしてそうなっているのか、根本的に理解できることも少なくありません。

日本の経営者の多くが常識と考えている「デジタル化は業務の効率化につながる」という強い認識も、１９９０年代に端を発したトレンドです。

爆発的な勢いでパソコンが普及し始めていた当時を振り返ってみます。

それまでは電卓で計算していたことが、パソコンの表計算ソフトを使えば縦横計算が瞬時に終わることから、企業では特に経理に関する業務で広く使われ始めました。お金の管理から始まって次第に在庫の計算、生産計画の計算、経営指標の計算など、さまざまな「計算仕事」に使われるようになります。

パソコンの導入が全社一斉ではなく徐々に進んだことと、用途の多くが「単一の業務に関わる計算仕事」であったため、部門の垣根を越えた利活用はあまり進みませんでした。主に個別で組織内の内向きな仕事に使われるだけでしたが、それでも従来の電卓仕事に比べれば効率が上がるので、「パソコンを使えば仕事が早く終わる」、言い換えれば「パソコンを使えば仕事が効率化する」という常識が根づいたのです。

パソコンが普及すると、そのすぐ後を追うようにネットワーク化の時代が到来します。ネットワークを使えば、社内の複数の部門や組織を相互接続でき、より大きなスケールでデジタル化の効果を得られます。つまり、全社の業務や人が全体として連係した「システム」に発展してゆくことができるようになったのです。

それまでの「パソコンで便利なソフトを使う」ことを部門内での「内向き志向」とすれば、「システム」は会社中に広く影響を及ぼす「外向き志向」と言えます。システム化は人とソフトの業務分担にまで踏み込んだ検討を伴いますので、当然組織や業務の「改革レベルのメリット」を生み出します。諸外国からはこうした、システム化による改革成功事例が聞こえ始めました。

ところが不幸にして、この「システム」という英単語には、相対する日本語の単語が存在しません。そのため、「システム」と「ソフト」の区別が曖昧なままの状態が長く続きました。それ故に、諸外国の「システム化による成功」のことを、「ソフトの導入による成功」と誤認してしまいがちなのです。

単なる「ソフトの導入」、つまり「内向き志向」のままでは、人の作業や組織の在り方まで踏み込んだ検討には至らず、作業効率の向上ぐらいしか狙うことができません。

現に、当社にコンタクトされる社長のなかにも、いまだに「システム」と「ソフト」を混同されている方が数多くいらっしゃいます。

この誤解による「内向き志向」の蔓延りこそ、日本企業のデジタル化が低迷した原因と言えるのです。

デジタル技術はビジネスインフラ

外部との接続を可能とするインターネットの登場と普及は、ビジネス環境をさらに激変させていきました。

ファックスの時代に比べると、インターネットは距離や文字数、データの量に制限がなく、瞬時にそれらを世界中に届けます。パソコンを単なる計算機としてではなく、社外にサービスを提供するインフラとして捉えることで、デジタルの活用範囲が急拡大したのです。これは、内向き発想とは対極をなす、究極の外向きの考え方です。

この考え方の延長線上に誕生したのが、現在の巨大ＩＴ企業のビジネスモデルです。「ＤＸ推進」[*11]などといった特別な言葉を使わなくとも、世界のビジネスパーソンたちはまったくの自然体で、

● **デジタル技術を業務に取り込んで「やり方を変革する」**
● **デジタルを前提にビジネスを「創造する」**

これらのことをやり遂げていったのです。

中国の企業は「外国企業の下請け製造業」の時代から急速に国際化しましたが、これには**デジタル技術が言葉と距離の壁を取り払った**ことが大きく影響しています。

中国の通販サイトを覗いてみると、日本語に自動翻訳された商品説明文があり、日本までの輸送料や納期までが自動計算されて、購買行動の障壁を取り除いています。しかも、なかには起業して間もないベンチャー企業までもが、その通販プラットフォームを通じ、いきなり世界を相手に大胆な商品展開を始めることもあります。

私は数年前に起業したばかりの若い中国企業を知っていますが、この会社は日本から高性能なイメージセンサーを仕入れ、それを使って組み立てた特殊カメラをいきなりイ

＊11　ＤＸとは　デジタルトランスフォーメーションの略。デジタル技術によって商品やビジネスモデルそのものを変革する、という考え方

ンターネットで世界中に販売し、サポートや保守も全部ネット経由で行うことで、欧米や日本の既存メーカーを駆逐してしまいました。

デジタル技術の発展と普及がなかったら、おそらくこんなビジネスモデルは成立しなかったでしょう。

一方で、特に日本企業のなかには、未だにデジタル技術を「便利になって作業効率が上がった」「メールでファイルを送れるようになったので効率的になった」といった、内向き発想の延長で片づけているケースが数多く見受けられます。

単なる計算機からビジネスインフラとなり、また、高速大容量のネットワークが普及してもなお「作業効率がよくなった」と言い続ける状況は、「インターネット革命」という大きな旗印にはほど遠いレベルです。

莫大な量のデータを計算しながら瞬時に伝えることができる機能を「計算機」と呼ぶべきではありません。会社やビジネスの必須インフラと認識するべきです。

食品製造業には水資源が必要なように、鉄工業には電力が必要なように、あらゆる企業にとってデジタルインフラはなくてはならない成長ドライバーなのです。

デジタル化を「業務効率化の手段」という視点だけで語っている限り、デジタル技術を使った会社成長への道筋は見えてきません。

②「現場はデジタル化できない」という大きな誤解

町工場のアナログ現場にデジタル化の効果はない？

「当社は製造会社なので、デジタル化の効果は期待できませんよ」

このように言う経営者が多くいらっしゃいます。

たとえば、ある金属加工業の会社は、客先から渡された図面を元に、多種多様の工作機械を社員が操って製品を製造していました。現場に入ると、安全靴とヘルメット、作業用手袋に身を固めた社員たちが、だいぶ年季の入った各種工作機械を使って加工作業をしています。

社長は「こんな環境でデジタル化なんて無理ですよね？」と念を押してきました。

確かに表面上はデジタル化を推進すべき課題は見当たりません。しかし、社長に「この工作機械の稼働率の数字の推移は？」とか、「素材別に材料の廃棄量を分類したデータは？」とか、少し意地悪な質問をしたところ、ほぼ何も答えられませんでした。それまで「昨年、思い切って新しい工作機械を導入しました。これを使えば、大手のお客さまからの大量発注ニーズに応えることができるので、投資に踏み切りました」と笑顔で話されていた社長が、その投資効果や経営に与える効果指標を質問したとたんに表情を一変させ、もぞもぞとし始めるのです。

これは、社長が投資効果をきちんと把握できていないことを雄弁に物語っています。

しかも、廃棄物倉庫に行くと大量の廃棄材料が転がっていました。金属廃棄物処理業者に売り渡して処分するので、完全なゴミとは言い切れませんが、それでも単価の高いアルミ合金類などが結構な量で無造作に捨てられています。材料がどのぐらい有効に活用されているのか、誰にも把握できない状態である証拠です。

図面の管理も原始的です。紙に印刷された図面は油だらけになり、ビリビリに破れた所がテープで補修されてさまざまな書込みがされていました。

このような状態では、新人が一人前になるにはゼロからたたき上げなければなりません。仕事が特定の社員に依存してしまう、いわゆる「属人化」が進んでいる証拠です。

仕事を発注する側の大企業から見ると、事業継続性や安定供給面で及第点をもらえない可能性も高まります。

このような現場に「デジタル化の効果は期待できない」のでしょうか？

そんなことはありません。なぜなら、さまざまな工夫を凝らして工作機械の稼働状況を記録し、作業員の作業時間実績をデータ化し、そこから得た情報を分析して改善に取り組んでいる会社もあるからです。

工作機械から直接稼働状況のデータを取得するための追加投資がむずかしければ、デジタル加速度センサー[*12]や電流計を機械に後づけし、稼働状況を推定して記録するぐらいのことは比較的簡単に、かつ安価にできます。

回転灯が装備されている工作機械や搬送機なら、その回転灯の光り方をカメラや光学センサーを使ってデジタルデータ化することもできます。それらのデータを元に機械の稼働率やトラブルの発生数・時間を可視化し、ＰＤＣＡを回してカイゼンを進めるといったことも可能なのです。

ポケットマネー程度のコストで室温と不良率の相関関係を解明

当社のお客さまの樹脂加工業の会社も、現場がまったくデジタル化されていませんでしたが、社長や取締役は長年の経験で、「環境温度と不良率の間に何らかの相関関係があるはずだ」と考えていました。

＊12　デジタル加速度センサーとは　物体の振動や移動を電子的に検出するセンサー。稼働した際に振動する製造装置の稼働時間計測に使ったり、異常振動を検出することも応用次第で可能となる

そこで、生産管理システムを導入する際に、不良数を登録できる製造実績登録機能を追加しました。さらに、温度と不良率との間の関係を把握するため、通販でネットワーク対応型のデジタル温度計をいくつか購入し、不良率と温度を時系列で記録できるようにしました。その結果、冬の寒い日に機械の稼働中、灯油の大型ファンヒーターをオン・オフすることが工場内温度の急激な変化を引き起こし、その前後で不良率に変化が見られることがわかったのです。

そこで、いきなり暖房をオンにするのではなく、機械を稼働させる前から暖房を入れて工場内の温度を安定させておくようにしたところ、不良率が下がり、結果的に廃棄材料を減らすことができました。これに利用した温度計は、ネットで1個数千円で購入したものです。

多額の投資をせずとも、デジタルを有効に活用して現場を改革できることを証明した好事例でしょう。

つまり、**デジタル化は事務仕事だけでなく、工夫次第で現場にも適用できる**ものなのです。

③ デジタル化が創り出す新たな「顧客接点」

「顧客接点＝ヒト」ではない

中小企業がデジタル化を進める際の考え方をもう少し深掘りしてみましょう。

当たり前ですが、どんな企業も「社内部門があって、お客さまがいる」という二層構造になっています。そのお客さまとの接点（顧客接点）は次のようなものでしょう。

売る前：営業担当者、受注担当者（または営業アシスタント）等
売った後：お届け（または搬入）担当者、保守担当者　等

業種や業態によって顧客接点の数は増減しますが、モノを売る企業であれば、だいたいこのようなものだと思います。

いずれも顧客接点は「ヒト」です。現状では、お客さまに積極的に接触し、取引開始

や購買行動を働きかけるべく活動する顧客接点は「営業担当者」しかいません。

では、この顧客接点を、お客さまが接しているヒト・モノ・サービス全体まで広げて捉えるとどうでしょうか。とたんに種類が増えます。

たとえばこんな具合です。

- 営業担当者、受注担当者（または営業アシスタント）、保守担当者、お届け（または搬入）担当者
- 商品そのもの
- サービスそのもの
- 自社サイトやメール
- 各種SNS
- マニュアル・仕様書・図面
- 動画やライブ配信、チャット　等

いかがでしょう。だいぶ増えましたね。

デジタルだからできる顧客接点とは？

それにしても、「商品そのもの」や「サービスそのもの」が顧客接点になるのか、疑問に思う方もおられるかもしれません。

しかし、想像してみてください。お客さまは、生活の質やビジネスをより良いものにするために、日常的に皆さんの会社が提供している商品を便利に使っているはずです。そのような商品やサービスが、ただ従来の機能を提供するだけでなく、お客さまと対話し始めたらどんな世界になるでしょうか？　ＳＦのように、今まで無口だった商品がお客さまと会話し始めたとしたら……。

おそらく、そこには極めて濃密で継続的なコミュニケーションが生まれるはずです。お客さまが商品やサービスを使っているとき、お客さまが困りごとや悩みに直面したと察知したとたんに、それら商品がお客さまに何らかの問いかけやアドバイスをしたら、お客さまにとってもどんなにか便利でしょう。このようなことが実現できたら、人間にはできない「きめ細かな対応」が実現できます。

つまり、**非人間による顧客接点**と言える存在です。

あるいは、見積りや受注処理に関するステータス情報[*13]をメールや自社サイトでお客さ

＊13　ステータス情報とは　見積り・受注から製造・出荷に至るまでの、どの工程にいつ到達するかの情報。業務をデジタル化する場合、このステータス情報を細かく把握できるようにすることが多い

まに開示するとどうなるでしょうか。各種メッセージサービスでお客さまに自動的に情報を送信できるようにしたらどうなるでしょうか。これも極めて有効な顧客接点となり得ます。

取り扱い説明書も重要な顧客接点です。最近、個人向け商品では「説明書が必要な商品はクールではない」という風潮もありますが、B2B企業の商品において、顧客企業が使う商品には、何はともあれ説明書は必要です。それを紙ではなく、「インターネットとつながったソフトウェアコンテンツにする」前提で考えると、とたんに用途や形態が多種多様になります。

最近の若い世代は、「わからないことは、まずネットで検索」しますので、電子媒体で説明書を提供するようになれば、説明書の使われ方が変革されます。そして、説明書を管理する人工知能がお客さまと会話し始めたら、おそらく従来とはまったく違った顧客接点になるはずです。

自社サイトなども、中小企業のものは会社案内程度の使い方しかされていないケースを多く見かけます。しかし、最近のウェブサイトには多数の機能が開発されており、片方向ではない「双方向の顧客接点」として充分機能します。

商品を使うための情報を潤沢に載せ、それを適時適切にお客さまに自動的に送信するような仕組みを構築すれば、とたんにお客さまの商品の使い方を激変させるでしょう。
顧客接点を広く捉え直すだけで、さまざまなビジネスアイディアが湧き出してきます。

商品そのものが顧客接点に

このような広義の顧客接点には、たいていの場合、何らかの新しいデジタル技術が必要です。「商品そのものを顧客接点化」した例で考えてみましょう。

皆さんのオフィスで使っているファックスつき複写機を改めてよく見てください。よほど古い機種でなければ、ネットワークに接続できるようになっているはずです。そしてメニューを見ると、たくさんの機能があるのを発見するでしょう。コピーやファックス送信のボタンと並んで、「ネットワーク機能」などというボタンがあれば、その下にはいろいろな機能が並んでいるはずです。

「そんなオモチャのような機能は使う気にならない」という方もいらっしゃいますが、こんな経験はありませんか？　インクやトナーが少なくなったタイミングで、ディスプレイに「消耗品がなくなりそうです。注文しますか？」と表示される――などです。

ネットワークに接続されることが前提の商品の場合、このような機能が標準で搭載されています。これも広義の顧客接点の１つです。昔は担当者が足繁く通って消耗品を補充したり点検したりしていましたが、ネットワーク化によってそれらが自動化され、さらにタイムリーにお客さまに購買行動を促すようになった典型的な例です。

工場で使う機械や設備は、もっと専門的で高度な顧客接点化を実現しています。たとえば最新の工作機械や計測器には、加工条件の設定値や使用状況などをネットワークで逐次メーカーの運営するセンターに送信し、クラウドで管理するサービスが提供されています。予防保全もできますし、より生産性の高い使い方を提案するといった顧客接点としても機能しています。

営業マンやサービス担当者が、どんなに客先や現場に足繁く通っても、これと同じことをするのは不可能です。これらは、ネットワークとデジタルによって初めて実現した顧客接点と言えます。

家庭用商品にも新しい顧客接点が生まれています。先日、我が家では古くなった浴室をリフォームしました。工事が完了してすぐに入ってみましたが、ドアの上にＱＲコードが印刷されたシールが貼ってありました。それをスマートフォンで読み取ると、ユーザー登録フォームが開き、すでにユニットバスの型番などが記入済みになっていました。

これも、「ユーザー登録」という密な顧客接点を確保するための１つの有効なツールです。スマートフォンやネットワークがなければ実現できない顧客接点ですね。

ここに登録することで、メーカーはお客さまの情報を得ることができ、適時適切な提案や問い合わせ対応の迅速化を図ることができます。アイディア次第で、消耗品をはじめ関連商品を販売することもできるでしょう。

中小企業にもできる顧客接点改革

このように、デジタルの力を借りることによって初めて実現できる〝広義の顧客接点改革〟がすでに身近なものとなってきています。

ただし、複写機の例や工場の機械の例は大企業の事例です。中小企業にとっては規模的に現実的ではありません。

しかし、最低限の通信機能を持った安価なデジタルツールを製品につけることで、中小企業でも少しずつ顧客接点を改革してゆくことはできます。浴室のＱＲコードの例などは比較的小さい投資規模で実現できますし、コードは製品に貼ってある何かのシールに同居させることもできるので、製造原価が増えることもありません。

創意と工夫次第で、中小企業も新しい革新的な顧客接点を獲得でき、それが仮想営業マンとなってお客さまへの適時適切な対応を実現し、自社のビジネスを伸ばしてくれる可能性があるのです。

④ E社を激変させた「顧客接点改革」

「ホールプロダクト戦略」とは

ここで私の原体験とも言うべき「顧客接点改革と企業成長の関係」をお話しします。私は新人として某大手ＯＡ機器メーカーＳ社に入社した後、サラリーマン人生の大半をパソコン製造販売の事業に身をおきました。当時、国内向けのパソコン市場は総合家電メーカーであるＮ社が大きなシェアを確保していました。ウィンドウズが普及するよりも前の話です。

Ｓ社では、Ｎ社の牙城を崩すべく、Ｎ社と同じソフトウェアが動作し、より高性能で低価格な互換パソコンを開発し、販売を開始しました。

事業スタート時は市場の反響も大きく、低価格でもあったので、充分な戦いができていました。しかし、ウィンドウズの普及が始まり、海外メーカーの国内参入も加速するにつれてビジネスは厳しさを増し、Ｎ社互換パソコンでは事業を維持するのが困難となってゆきました。そこで、部品供給ベンダーの多いDOS／V[*14]規格のパソコン事業に転換することとなり、事業も新たに設立された子会社のE社に集約されました。

E社は大企業である親会社とは違い、社員数も200人程度のいわゆる中堅クラスの規模で、軽い事業体でビジネスを維持する基本戦略だったのですが、競争の激しいマーケットに身をおく宿命で、常に厳しい経営を強いられていました。

しかも、DOS／Vパソコンは全世界で共通規格であるため、製品仕様や特徴で他社と差別化するのがむずかしい事業です。現在と同じく、CPU[*15]、メモリー、ストレージ[*16]等の主要部品が同じものであれば、どのメーカーのものでもウィンドウズが動き、ほぼ同じ性能を発揮します。

そのように差別化がむずかしい一般化した商品で大手企業と戦い続けることには、大きな困難を伴いました。そこで2000年代初頭に、他社との差別化を打ち出すため、大きな経営判断をするに至ります。それが「ホールプロダクト戦略」です。

ホールプロダクト戦略とは、商品としての製品だけではなく、売り方やサービス、サポートも含めて、すべての提供物を統合的に考えてより良い商品・より高い価値を提供する、という考え方の戦略です。

＊14　DOS／Vとは　日本アイ・ビー・エム株式会社の商品名称
＊15　CPUとは　パソコン内の他の装置・回路の制御や演算などを行う装置
＊16　ストレージとは　パソコンの記憶装置

当時、同社でシステム部門の責任者だった私もその戦略立案チームに参画し、ホールプロダクト戦略をデジタルで実現する方法の検討を担っていました。

そのチーム活動は議論の堂々巡りを何回も繰り返すむずかしいものでしたが、「会社が小さいから、どこよりも小回りが利くしアクションも早い。これをとことんまで伸ばしてすべての顧客接点を迅速化する」という結論に至りました。この方針の下に、大手企業にはなかなかマネができない施策を実行に移しました。

同社では、パソコンの細かい仕様をお客さまに都度ご指定いただいて、ご注文を受けてから1台単位で製造しお届けする、というビジネスを特徴としていました。いわゆる受注生産方式ですが、競合他社はこれに比較的長い納期を必要としていました。しかし、人事異動や移転の時など、お客さまはペンや紙のように、パソコンも必要な時にすぐ入手したいはずです。長い納期が必要となる販売形態は、お客さま最優先の売り方とは言えません。

そこでE社では、それまで例のなかった「2日配達保証」サービスを開始することにしました。「今日注文すれば、明日組み立てて出荷し、近県であれば明後日には手元に届く」という速さで、本当に文房具の通販のような速さで作ってお届けすることにしたのです。

これはマスコミからも注目され、お客さまからも「本当に注文を受けてから作っているのか？」という嬉しい反応をいただきました。

E社の「顧客接点改革」を支えた自動化支援システム

このような施策を実現できたのは、販売から調達、生産管理、製造に至る現場の担当者の創意工夫が素晴らしかったのは当然ですが、裏側で動いている各種システムによる自動化支援の存在が大きかったことも否定できません。それら抜きでは、E社の顧客接点改革は実現できなかったでしょう。

E社ではホールプロダクト戦略の施策として、さらに「1日修理」サービスも打ち出しました。使っている製品が万一故障しても、修理工場に届いたら1日で修理して返送する、というサービスです。

現代ではパソコンはほぼ文房具のようなくてはならない存在ですので、故障してダウンタイム（使えない期間）が発生すると、たちまちお客さまは困ります。そのようなダウンタイムを極小化することで、お客さまの不便を最低限にしよう、というサービスです。

基本的に1台ずつ個別に修理しているので、代替え機貸出サービスとは異なります。

ストレージの故障やOSの破損といったソフトウェア関係の故障でなければ、保存したデータやインストールしたソフトウェアがそのままの状態で返ってくるので、再インストールやバックアップからデータを戻すなどの余計な手間がかからず、実質的なダウンタイムは大幅に短くなります。

その他にも、新しいテクノロジーは他社よりも早く製品に組み込んで販売する、といった製品開発面での迅速化も推進しました。お客さまからのお問い合わせについては、インターネット経由での問い合わせと電話での問い合わせが境目なく連携するように、社内システムの追加開発も行いました。これも顧客接点改革の一環です。

また、E社では、パソコンとディスプレイ・モニターやプリンターなどの周辺機器は、それぞれ別の拠点で在庫管理していました。これらをパソコンと一緒に購入された場合、別々の配送便でのお届けとなると、お客さまは何回かに分けて受け取ることになり不便です。そこで、このような注文の場合でも1回で配達できるように、運送会社とのシステム連携も進めました。これも、「お届け」という顧客接点における改革です。

顧客接点改革が会社を成長させる

ホールプロダクト戦略に基づいて大小さまざまな施策を展開し続けた結果、これらの施策の効果は絶大で、パソコン雑誌による年に1度の満足度調査で、大手メーカーを抑えて1位を複数年続けて獲得する快挙にもつながりました。また、大手を含む国内競合他社がどんどん外資と提携したり、経営統合されたりするなかで、純粋な日本企業として独立した経営を守り、２０２３年には創立30年を迎えるほど長期にわたって安定した企業になることができたのです。

繰り返しますが、外資大手がひしめくパソコンマーケットのなかで、小さな規模のメーカーが生き残ることは困難を極めます。Ｅ社は大企業のブランドこそ背負ってはいますが、規模や体制面では中小企業です。

その中小企業が、「顧客接点改革」による経営改革を実現したことで成長し続けることができた事実は、その後独立起業した当社のコンサルティング・ポリシーの核心を形成しました。

つまり、**デジタル化による顧客接点改革は会社を成長させる**ことを強く立証しているのです。

（本書におけるＥ社の事例は、すべて本書執筆時点のものです）

⑤ 目指すべきは「カスタマーサクセスの推進」

顧客接点改革でお客さまのニーズに応える

顧客接点改革がどうして会社の成長につながるのか、少し踏み込んで考えてみましょう。

すでに述べたとおり、E社は顧客接点の改革によって、会社の成長・発展を得ることができました。「デジタル化によってすべての顧客接点を迅速化する」という戦略が成功を収めたわけですが、これを企業目線ではなく、お客さま目線で考えてみます。

E社のお客さまの多くは法人です。法人のお客さまにとって、パソコンはもはや文房具のようなものですから、「ない、足りない、使えない」は許されません。また、E社のパソコンの販売モデルである「仕様を細かく選べ、受注生産する方式」は、事務用パソコンであれば標準的な性能で安価なほうがよく、設計業務に使うようなものは高性能でなければならず、そうしたニーズを細かく満たす売り方です。

ところが、これを他のパソコンメーカーに求めると、納期が長い……。メーカーにもよりますが、海外で組み立てているメーカーの場合、当時2週間程度かかることはごく普通のことでした。

仕様を選べる利便性は確保したいが、納期を犠牲にするわけにもいかない。多くのお客さまが、このジレンマに悩まされていたのです。

メーカーの立場からすれば「注文を受けて製造しているのだから、納期がかかるのは当然」と考えがちですが、お客さまにしてみれば、文房具のような存在であるパソコンだけに、当然のように長納期を求められるのは納得できません。

つまり、E社の「すべての顧客接点における迅速性」は、お客さまのビジネスの根幹を支えるインフラのようなものでもあったのです。

顧客接点の迅速化は、納期だけでなく、サービスの利便性にも求められます。

パソコンに技術的なトラブルが発生した際、「夜間にはコールセンターは閉じている」ことはメーカー側にとって常識ですが、お客さま側から見れば死活問題です。人間に頼ったコールセンターを24時間稼働させることは、メーカー側にはコスト面で厳しいことですが、インターネットでの技術サポート機能やコンテンツを増やすことは可能です。

夜間はお客さまがセルフサービスで解決に至るように、技術サポートコンテンツを増やす、それを簡単に検索できるように機能を充実させる。それでも解決できなければ、ウェブからお問い合わせ入力をできるようにする。ウェブから問い合わせた質問について翌日の昼間にコールセンターに電話すると、対応した担当者はウェブ経由の質問内容を全部把握しており適切な回答が得られる、といった「お客さまのビジネスを止めない努力」を積み重ねることで、常にお客さまのスムーズなビジネス活動をサポートし続ける機能を提供する。つまり、これは「カスタマーサクセス」の推進に他なりません。

デジタル化が可能にするオリジナルの顧客接点改革

カスタマーサクセスという言葉は幅広い意味を持つので、顧客接点面だけを捉えて語ると誤解を招きますが、顧客接点の充実なしにカスタマーサクセスを推進することはほぼ不可能です。

デジタル化と顧客接点改革は非常に親和性が高く、デジタル技術の使い方次第で、他社にないユニークな顧客接点を考え出すことが可能です。

顧客接点改革は、言ってみれば、**商品やサービスをお客さまに提供するためのベース機能改革**です。これをデジタル化で安価に早く実現することが、企業に求められているカスタマーサクセス戦略の第一歩なのです。

中小企業が目指すべきデジタル化による改革は、「顧客接点改革によるカスタマーサクセス」を目的とする

これが、作業効率向上だけを目的としない、中小企業の成長に直結するデジタル化の手がかりとなります。

⑥ 社内のデジタル化をカスタマーサクセス戦略に昇華させる法

デジタル化の4象限

「そうは言っても業務の効率化は大事。それを実現しつつ顧客接点改革によるカスタマーサクセスにつなげる方法はないのか？」

このように考える方もいらっしゃると思います。というよりも、ほとんどの読者がそんな考えを持っていらっしゃるでしょう。

その方法は、非常にシンプルな左図の４象限から編み出すことが可能です。

この図は、デジタル化施策が、**外向き（お客さまの立場）に効果が現れるかどうか（縦軸）**、**（自社の立場で）成長なのか守りなのか（横軸）**を表しています。

Aゾーンには、お客さまをサポートするデジタル化施策がマッピングされます。

■デジタル化施策の分類4象限

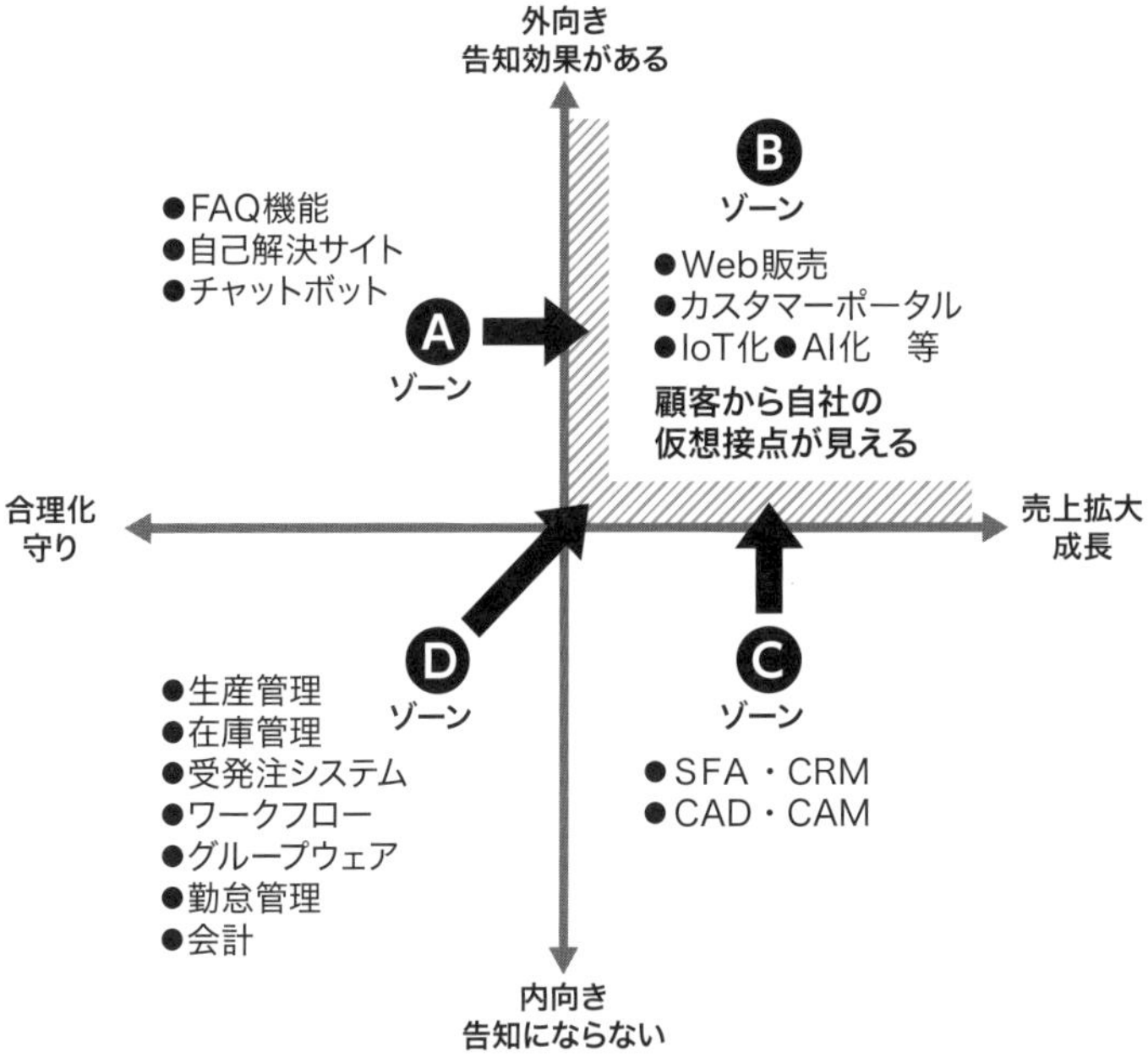

図中の用語解説

IoT：Internet of Thingsの略。あらゆるものがインターネットに接続され、それまでにない価値を生むという概念

AI：Artificial Intelligenceの略。いわゆる人工知能

FAQ：Frequently Asked Questionsの略。「よくある質問」のこと

チャットボット：テキストを入力すると、ソフトウェアがそれを判読して自動的に回答を提示する機能。技術的質問への対応や販売時の問い合わせ対応機能として使うことが多い

ワークフロー：起案、確認、承認などの社内プロセスの手間を省くソフトウェア

グループウェア：企業・組織などのなかで情報の共有や連絡事項の伝達に使うソフトウェア

SFA：Sales Force Automationの略。営業活動を支援し効率や成約率を上げるためのソフトウェア

CRM：Customer Relationship Managementの略。顧客情報とその対応履歴を保管管理し、顧客対応力を上げるためのソフトウェア

CAD/CAM：Computer-Aided Design/Computer-Aided Manufacturingの略。設計や製造を支援するソフトウェア

具体的には、次のようなものです。

- 自社サイト上のFAQ[*17]コンテンツやサポートコンテンツの検索機能
- 技術的トラブルを自分で解決するためのガイドや対話型のロボット（チャットボット等）

お客さまから見ると満足度向上につながり、自社にとっては固定費削減を主目的にしている施策が中心です。

Aゾーンの下の**Dゾーン**は、お客さまにはあまり関係なく、社内の合理化にしかならないような施策がマッピングされます。たとえば、次のようなものです。

- 生産や販売管理のシステム
- グループウェア[*18]類
- 会計システム　等

それに対して**Cゾーン**は、お客さまから見てあまり関係ないが、自社にとっては「攻

＊17　FAQとは　Frequently Asked Questionsの略。「よくある質問」のこと
＊18　グループウェアとは　企業・組織などのなかで情報の共有や連絡事項の伝達に使うソフトウェア

めの営業」ができる施策がマッピングされます。たとえば、

- CRM[*19]機能でお客さまを把握し、適切な対応を行うためのデータベース
- 高性能な三次元CADや三次元設計レビュー機能などによる製品の魅力づけ

A、D、Cの3つのゾーンは、いくらその機能を尖らせてもカスタマーサクセスによる自社の成長には直結しません。

社内の合理化施策ばかりやっても、固定費を若干削減するぐらいにしかならないことはすでにご説明しました。顧客満足度を向上させるAゾーンの仕組みばかりを充実させても、お客さまからは表面上の感謝の言葉はもらえるかもしれませんが、大きなカスタマーサクセスは実現できません。投資する立場の社長にとっても「便利になっただけで自社の成長には直結しないなぁ」というモヤモヤが残るはずです。

「機能のちょい足し」でカスタマーサクセスを進める

この4象限のなかで私たちが考えるべき領域は、残された右上のBゾーンです。ここには、

＊19　CRMとは　Customer Relationship Managementの略。顧客情報とその対応履歴を保管管理し、顧客対応力を上げるためのソフトウェア

- インターネットで消耗品を24時間365日販売できる機能
- お客さま個々に最適化された情報の提供機能
- お客さまがお困りになる前に自動的に保守を提供する機能

といったカスタマーサクセスにつながる顧客接点の機能がマッピングされます。

しかし、第1章で解説したデジタル化レベルが①や②の会社にとっては、いきなりBゾーンのデジタル化施策に取り組むのは時期尚早です。足下も固めていないアナログ仕事ばかりの企業が真っ先に取り組むにはハードルが高すぎる領域です。

それでも、諦めることはありません。79ページの図を再度ご覧になって欲しいのですが、Bゾーンの左辺と底辺に編みかけ部分がありますね。デジタル化レベルが低い会社はA、D、Cゾーンの施策を優先せざるを得なかったとしても、**機能をちょい足しして、少しでもBゾーンの表面に浮上させる**ことを考えればよいのです。

たとえばこんな具合です。

■Aゾーンのデジタル化施策が最優先な企業の場合

●技術サポート機能を拡充する際、顧客接点を強化する方策もちょい足しする
例：FAQをウェブブラウザーからではなく、商品側から閲覧可能にする
電子マニュアルから技術サポート機能に接続できるようにする
メール問い合わせ管理システムでの問い合わせ履歴を、お客さま側からいつでも閲覧できるようにする

■Dゾーンのデジタル化施策が最優先な企業の場合

●受発注管理システムを構築する際、受注処理状況をお客さまから閲覧できる機能をちょい足しする
例：「注文が受け付けられた」「発注処理を行っている」「製造している」「出荷した」といった受注処理状況をお客さまに自動通知する

■Cゾーンのデジタル化施策が最優先な企業の場合

●顧客情報管理システムを導入する際、お客さま情報をお客さまが閲覧・修正できる機能をちょい足しする
例：お客さま自身がログインしてこれらのデータを閲覧・修正できるようにする
過去の受注履歴（お客さまにとっての発注履歴）をウェブ上で簡単に閲覧でき、ワンクリックで再注文できるようにする

要するに、A、D、Cゾーンのデジタル化施策を実現する際に、少しでも顧客接点改革につながる施策をちょい足しすることがポイントです。

幸いなことに、この程度の小さな機能追加であれば、開発負担を大きくしなくても充分実現可能です。たとえば、市販のパッケージソフトウェアのなかにはこれら〝ちょい足し〟機能をオプションで追加できるものがあります。

反対に、一見すると便利な機能が豊富に揃えられているソフトウェアであっても、Bゾーンに浮上するための「ちょい足しオプション」が用意されていなければ、企業成長を期待することはできません。

賢くちょい足し機能を追加するには、当初からITベンダーへの要求機能のなかに盛り込んでおく必要があります。完成した後にこのようなちょい足し機能を追加しようとすると、想定以上に開発規模が肥大化してしまうことがあるからです。

投資規模を抑制しつつ、ちょい足しを上手に使って顧客接点改革によるカスタマーサクセスを推進する。これが中小企業のうまい立ち回り方です。

コラム

表計算ソフトの多用が招くリスク

本文でも解説しましたが、主要業務のなかで、表計算ソフトとそれで作ったファイルを多用することにはさまざまなリスクがあります。なかには経営面で非常に危険な状態に陥るケースもあるので注意が必要です。

どんなリスクがあるのか、例を挙げてみましょう。

●破損のリスク

複雑な構造の表であればあるほど、誤った使い方をした場合のデータ破損の危険性が増します。さらに、いったん破損した際の対処が非常に困難になります。

また、構造が複雑な上になかに入っているデータが多いと、表計算ソフトそのものの動作が緩慢となり、1つひとつの動作に時間がかかるようになります。

表計算ソフトの場合、そのなかに含まれている複数のシートの一部が部分的に破損しても、該当するシートを確認にいかない限り、エラーが表示されていることに気がつきません。破損していることに気がつかず、ずっと後になってから計算結果がおかしいことがわかる、といった致命的な事故につながりかねません。

●バージョンの混在

中小企業にとって、全社で表計算ソフトのバージョンを統一することはかなり面倒で厄介です。また、過去に作ったファイルと現在運用しているファイルの構造が異なってしまうことは日常茶飯事です。

いったんさまざまなバージョンのファイルが複数のパソコンに散らばってしまうと、仮にバージョンを統一しようとしても、古いバージョンが後から後からゾンビのように現れ、機能の向上を著しく阻害してしまいます。

●突然動かなくなる危険性

特にマクロなどが組み込まれたシートは、表計算ソフトの自動バージョンアップによって、動作しなくなる可能性があります。現に「表計算ソフトがバージョンアップして使えなくなってしまった」という人は、コンサルティング先にも数多くいます。

しかも、ソフトは自動的にバージョンアップされてしまうこともあるので、何の前触れもなく動かなくなる危険性があります。

●情報漏洩の危険性

近年のサイバー攻撃では、パソコンのなかのファイルを勝手に外部に送信してしまう犯行が増えています。顧客情報リストを表計算ソフトで管理している場合、そのファイルが外部に無断送信されてしまえば、即個人情報の漏洩事故となります。

個人だけではなく、法人の取引先を表計算ソフトで管理している場合も、リストに取引条件や履歴などを記入していたら、その漏洩は信頼関係に大きなダメージを与えます。

いかがでしょうか？　簡単にまとめると、

「止まる・使えなくなる」

「漏洩する」

「破損する」

といった極めて厄介なリスクが多いのです。

業務の根幹を表計算ソフトで回している会社の場合、これらが1つでも発生すると、たちまち業務が止まってしまうでしょう。しかも、表計算ソフトはおそらく全社員のパソコンにインストールされています。つまり、社員1人ひとりにその利用方法がゆだねられているので、よほど厳格な利用ルールを定めていない限り、本コラムで説明してきたことが起きてしまうのです。

これを防止する「決め手」は存在しませんが、最低限、全社員とこれらのリスクについて共有するべきです。そして、自分ごととしてそれらのリスクを減らす行動を取ってもらうしかありません。

基本的に、表計算ソフトを会社の根幹業務に使うことは避けるべきですが、仮に受発注業務、顧客管理業務などの主要業務に表計算ソフトがすでに使われているのであれば、**ただちに本書で書かれていることを実行に移し、業務をきちんと管理するソフトウェアを導入するべきです。**

なお、スタッフがデータを分析するために表計算ソフトを使うのは正しい使い方です。データの漏洩については注意する必要がありますが、破損しても止まっても日常業務の運用に影響のない業務で使うのであれば、表計算ソフトは有力なビジネスツールです。

一度、社内での使われ方を検証してみてはいかがでしょうか。

第 3 章

デジタル化ステップ❶

「改革の主戦場」を明確化する

Process Digitalization

3

①ステップ❶で進めること

課題の「明文化」が大切な理由

ここからは、実際のデジタル化ステップを1つずつ、順を追って説明していきましょう。具体的なイメージを思い描いていただくために、当社のコンサルティングを受けたA社の例を引き合いにしながら話を進めます。わかりやすくするため、多少内容を丸めて解説させていただくことをご承知おきください。

ステップ❶は、自社の現状と課題を把握して**「改革の主戦場」を見極め、それを明文化するステージ**です。

ここで、「明文化」という言葉に注目してください。よく「鈴木先生は明文化、明文化とおっしゃいますが、明確化と何が違うのですか？」と聞かれることがありますが、「明文化」と「明確化」は、まったく異なる作業です。

以前、「御社の課題を説明してください」とお願いしたところ、2時間もしゃべり続けた社長がいました。2時間は極端な例ですが、それでもほとんどの社長がながながと雄弁に課題を説明してくださいます。

しかし、です。それらの課題を文章にしている社長はほとんどいません。文章にしていたとしても箇条書きぐらいで、社員や第三者が読んで理解できるように、きちんと説明したものがない場合が多いのです。相手に伝わるように、頭のなかの考えを文章にまとめるのは手間がかかるため、そのような状況であることが多いのでしょう。

ですが、この状態で社員や社外のＩＴベンダーに話をしたところで、何も伝わりません。しかも、話す度に言っていることが変わることも多く、聞いている側としては戸惑うばかりです。

これでは冒頭から活動が堂々巡りに陥ります。課題を明確化するだけでなく明文化することは、会社のデジタル化に着手する上でとても重要なファーストステップです。

そして、この作業は社長にしかできません。片腕となる部下の協力を得るのはかまいませんが、あくまでも主役は社長です。

社長がいつも使う言葉で、社長自らが誰に対しても説明できるように、課題を明文化することが大事なのです。

なお、ステップ❶における課題の明文化は、社長の頭のなかにある課題を文章にすれば完了するものではありません。なぜなら、**社長の考える経営課題の解決を阻害しているのは、「現場の業務」と「現場の課題」に起因する**ことが多いからです。

そこで、社員のなかから部門ごとのキーマンに相当する人を集めてプロジェクトチームを組織し、社長との協働作業で検討を進めます。

このプロジェクトチームは、**役職や立場の違いを越えてフラットに議論できる場とすることが重要**です。そして、チーム全体で社長が考える経営課題を共有しつつ、現場の細かい課題も経営課題と同列で拾い出します。

経営課題と現場の課題の関係性を解き明かさなければ、当然、改革はできません。また、現場が抱える細かい課題を軽んじるようでは、プロジェクトに参加する社員のモチベーションは上がりません。

「改革の主戦場検討管理表」とは

経営課題から現場の課題まで、さまざまな粒感の課題を漏れなくリストにした上で、そのなかで似通ったものをいくつかのグループに分けます。同時に、すべての課題をプロジェクトチームの全員が理解できるように、具体的な説明を追加していき、最終的に

■「改革の主戦場検討管理表」の例

社長と社内全部門の課題や問題、もしくは困っていることを書き出す

それが発生していることによってどのような弊害が起きているか、または、それによって解決できない課題を書き出す

それが発生している原因、もしくは原因と思われることを書き出す

初期段階では空白

番号	課題・問題の内容	課題発生の理由（想定）	それによる弊害	発案者	カテゴリー	課題の影響度
1	組立工程の作業実績をいちいち紙に書いていてムダだ	上司からの指示(?)だが、それを有効活用しているとは思えない	工程作業員全員の手間が発生している	組立二課主任		
2	工程の作業効率・生産性向上活動ができていない	作業実績の把握がむずかしい、と現場から言われている	組立作業合理化活動が展開できない	社長		

は上に示す「**改革の主戦場検討管理表**」を完成させます（改革の主戦場の明文化）。

一見すると、一般的な課題管理表に近いフォーマットに見えますが、この表には、課題管理表にありがちな「対策」の項目をあえて設けていません。

「対策」は、課題を分析・分類して、「課題グループ」に整理した後に考えます。そうでなく個別の課題について対策立案を進めてしまうと、単なる改善活動になってしまい、カスタマーサクセスといった高度な改革レベルの施策立案に到達できないからです。

たとえば、上表の番号1では、現場の担当者が「工数実績の把握は無駄だ」と言っているにもかかわらず、番号2では、

社長が「作業工数の把握がむずかしい」ことを課題に挙げています。

これは少々極端な例ですが、このように相反する課題が抽出されていたり、課題と課題の間の関係性を分析する前の状態で解決策まで考えるのは拙速です。黄金のステップを1つずつ進みながら、徐々に「改革の主戦場検討管理表」を精緻なものにしていき、対策を考えていくべきなのです。


さて、この表に課題や困りごとを抽出するときには、少しコツがあります。それは、**①経営課題と現場の細かい課題を両方とも区別なく素のままに拾い出し、②それらをいくつかのカテゴリーに分類する、**そして**③分類されたカテゴリーごとに、会社や業務運営にどのような影響を与えているかを明確化する**ことです。

カテゴライズの結果、似たもの同士または関連するものが同じカテゴリーに入るので、課題の真因を突き止めやすくなります。また、これらの作業を通じて、組織の上下左右の隔てによる誤解や認識の相違を埋めてゆくこともできます。

そして、経営課題と現場の細かい課題が、この作業によって関連づけられてゆきます。拾い出されたものが課題ではなく困りごとである場合も、それらを深掘りして検討し、対策が可能な課題に落とし込みます。

ここまで課題を分析してまとめることができると、ほとんどの場合、あるカテゴリーに課題が集中します。また、多くの場合、課題が集中するカテゴリーに、それまで解決することができなかった経営課題も入っています。

それこそが、最優先で解決策を検討するべき課題グループです。これを「**改革の主戦場**」と呼びます。

このプロセスには、もう1つのゴールがあります。それは、**メンバー全員のベクトルが一致したプロジェクトチームを作る**ことです。

デジタル化を成功に導く黄金の4ステップは、社長など一部の上層部だけで進められるものではありません。社長の知らないところで、現場の業務は日々移り変わっています。経営層からみると、現場が抱える課題はどれも些細なことにしか思えなくても、じつはその現場の細かい課題の積み重ねによって、社長の考える経営課題が発生していることは多々あります。

これらを的確に分析するために、そして全4ステップをスムーズに進めていくためにも、目的や目標をしっかりと共有できるチームが必要です。デジタル化ステップの一番早いこの段階で、そのチーム作りを意識的に進めることが肝要です。

② A社が抱える「経営課題」とは

社長の悩み「生産現場の状況が見えない」

A社にコンサルティングに入るきっかけとなったのは、総務担当取締役から当社に入った1本の電話でした。さまざまな困りごとをお話しされていたと記憶していますが、なにぶんA社に関する基礎知識がないままお話を伺っていても的確なアドバイスはできません。社長にもお話を伺いたいので、アポイントをとってお邪魔することにしました。

A社は地方に本社と工場をおき、首都圏と関西など全国数か所に営業所を持つ、社員200名強の中堅企業です。主な顧客は大手企業が多く、大型の機械の設計・製造・設置・保守を行う会社です。

春先の田植えシーズンに本社工場に車でお邪魔しました。高速道路を降りて水田地帯や山のなかをだいぶ走った先に、大きな工場棟と、その真横に3階建ての事務棟がありました。車から降りて、大きな扉が開放されている工場棟を覗きこみながら事務棟に向かったのですが、工場棟は平屋で天井が高く、上のほうに縦横にホイスト（荷物の上げ降ろし等に用いる小型の巻き上げ装置）のビームが設置されていました。工場のなかにいる社員は全員作業服、ヘルメット、安全靴のいでたちで、溶接の火花も散っています。かなり重量のある材料を加工し組み立てる工程だとすぐにわかりました。

ベルトコンベアの上に製品を流すような製造工程ではなく、作業員のほうが動いて1台ずつ作っていく方式を採用しているようです。工場棟の出入り口は巨大な横引扉で、その前にはかなり広い駐車スペースがあり、完成した製品を横づけしたチャータートラックに載せ、そのまま納品場所に直行する出荷スタイルであることも容易に想像できました。

そんな工場を横目で見ながら事務棟の3階にある社長室に通され、70歳台とおぼしき社長とお会いしました。ご挨拶の後、社長に課題を改めてご説明いただくようにお願いしたところ、抱えている困りごとをさまざまな角度から語り始めました。それは、次のようなものでした。

「**工場の生産性が見えない、把握できない。**繁忙期と閑散期があるのに、年中設計部門の社員が高い水準の残業をこなしている」

「**原価がリアルタイムで把握できない。**厳しい年は期末に締めてみないと、黒字なのか赤字なのかもわからない。今までは幸運にも赤字になったことはないが、少し失敗すれば期末までわからず、対処のしようがない」

「受注しても、その納期がいつになるかがなかなかわからない。しかも、**納期が勝手に変わってゆく。**自分は営業のトップも兼務しているが、とにかく納期が把握できないので、営業所の部下が自分のところに納期を聞きにくることもある」

社長の話をお聞きしただけでは、表面的なお困りのことは理解できるものの、なかなか腑に落ちません。製造会社にコンサルティングに入る際には必ず現場を拝見するようにしているので、まずは工場を見せていただくことにしました。

工場内部の説明を現場たたき上げの取締役にお願いし、工場のなかを一通り周りましたが、やはり材料が大きく重いので、資材倉庫に納品された材料を工程に出庫すること1つを取っても手間がかかります。それを工場で切断し、残った材料をまた倉庫に戻す必要があるので、その在庫管理にも面倒な手間がかかっているようです。そして、生産計画については日程表があるのですが、それが表計算ソフトで作られており、最終的にはその計画表を工場のホワイトボードに紙で貼ったり、書き写したりして予実管理をしているとの説明でした。

これでは納期が営業からは見えませんし、営業担当者が、自分が受注した製品が今、どの工程にあるのか把握できないのは当然です。

一通り見学した後、案内していただいた取締役にいくつか質問をしたのですが、そのなかでカギとなる事実を教えていただきました。

数年前に、かなりの予算を使って生産管理システムを導入したのだと……。

活用できなかった生産管理システム

「そのシステムは現在でも動いているのですか？」と取締役に確認したところ、

「動いているのですが……。製品を出荷した後に、後追いで使った材料を登録して、売上管理機能だけを動かしている状態です」

という返答でした。A社が導入したのは、大手ITベンダーが開発・販売しているかなり多機能なパッケージ型の生産管理システムですので、それでは宝の持ち腐れです。

さらに、取締役は何やら話しにくそうな表情をされていました。そこを何とか聞き出してみたところ、要するに「システム導入当初から、まともに稼働できていなかった」というものでした。

なぜそのような事態になったのか。それには、次のようなA社独特の事情が関係していました。

A社の事情

- 製品には、単価が高く納期が非常に長い部品を使っている
- 部品単価が高額であるため、部品在庫を持つことはしたくない
- 受注してからその部品を発注していたのではお客さま指定の納期に間に合わない
- そこで、**商談がある程度確実になった段階で、先行して発注**している
- ところが、**導入した生産管理システムは部分発注がしにくい構造で、全部品の一斉発注が前提**となっていた
- そのため、システムでの自動発注機能が使えず、売上管理のみの運用にとどまってしまった

要するに、受注の都度、部品を一斉発注する前提で作られたシステムを導入したため、部分的な先行発注とその管理がむずかしかったのです。結局、システム導入当初から満足に稼働できないまま何年も経過してしまった、という話でした。

工場の見学を終えて再び社長室に戻ると、社長からは、

「当初は良いシステムを導入したと思っていたのです。でも、結局使い切れず、無駄になってしまった。このシステムの導入を決めたとき、これで生産計画が手に取るようにわかるようになり、生産効率も把握できるはずだったのが、結局何もできずじまいでした」

という後悔の言葉が出てきました。

これは**典型的なパッケージ型システム導入の失敗**であり、パッケージソフトウェアが想定する業務と実際の現場業務の差を明確化しないまま導入した結果、運用に行きづまったことを示しています。

そうお答えし、社長の即断でコンサルティングに入ることになりました。

プロジェクトチームの発足

さて、最初の作業は黄金の4ステップの第1ステップ「**改革の主戦場の明確化**」です。社長にプロジェクトメンバーを選出していただき、現場のキーマンたちと社長、取締役、システム担当課長を含む合計8名のプロジェクトチームが発足しました。

そして、最初のプロジェクトミーティングを開催する前に、次のような宿題を出しま

した。

「各自、業務や会社の持つ課題をこの『改革の主戦場検討管理表』に記入しておいてください。経営層の方もそのお立場で記入してください。事務局は、ミーティングまでにそれを1つの表にまとめて印刷しておいてください」

このとき、事務局役の総務課長が、「課題管理表ならすでに持っていますが……」と遠慮がちに意見を出してきましたが、先にも述べたとおり、課題や困りごとが未整理の状態で対策を出しているような課題管理表では活動を進めようがありません。

まずは課題や困りごとを出し切り、それらをとことん分類して、それによって集中検討するべき領域を明確化することが主眼なので、既存の課題管理表は参考程度にとどめていただくことにしました。

③「経営の課題」の真因は「現場の課題」のなかに

小さな課題も無視せず拾い出す

「改革の主戦場検討管理表」には、現場担当者から社長まで、プロジェクトメンバーやその上司・同僚たちがさまざまな課題や困りごとを記入してきます。書かれていることの粒感も大小入り混ざり、文字どおり玉石混交の状態です。ものすごく大きなことが書かれているかと思えば、現場のレイアウトの使いづらさなど、かなり細かいことも書かれています。

通常、そのような粒の小さいことが書かれていると、「そんなレベルのことは、プロジェクトチームの議論に値しない」と無視しがちです。しかし、そうした細かなレベルの困りごとの積み重ねが、大きな経営課題の根本原因になっていることも多いものです。

重要なのは、**細かいことでも無視せず並べ、プロジェクトメンバー全員がきちんと理解した上でカテゴライズする**ことです。

プロジェクトチームの発足から2週間後、A社の第1回プロジェクトミーティングが開かれました。その場に持ち込まれた「改革の主戦場検討管理表」には、全部で100ほどの課題が並んでいました。

これら100ほどの課題が書き込まれた「改革の主戦場検討管理表」を全員に配付する事務局は、困惑顔でした。数が思った以上に多いこともあったでしょうが、多くのメンバーが課題だけでなく、ただちに対応を考えることが困難な、いわゆる「困りごとレベル」のことまで書き出してきたからです。例を挙げると、

「製造現場がコスト意識を持っていない」

「在庫が正確に把握できない」

といった、極めてざっくりしたレベルの〝問題意識〟とも言えるようなものです。これらすべてを俎上に載せて議論するのは無謀にも思えますので、事務局が困惑する気持ちもわかります。

それに、このまま無造作に課題の検討に入ると、議論が散漫になり堂々巡りを繰り返すおそれがあります。そうなると結局、議論を前に進めるために社長が主導権を握る必要に迫られ、結果的に社長が出した課題に対する検討会議の場と化してしまう可能性もあります。

それでは、せっかく全員でリストアップした課題や困りごとの本質的な原因追及が進まなくなり、プロジェクトを立ち上げる前の混沌とした状況に逆戻りするだけです。

また、プロジェクトチームのメンバーには、会社の上下・左右関係が存在しています。会社組織の常ですが、そのような議論の場では、必ず立場が強い人か声が大きい人の意見が目立ってしまい、相対的に立場が弱く、声の小さい現場の課題や困りごとは無視されがちです。

経営課題と現場の課題はつながっている

しかし、経営者が悩んでいる大きな課題は、ほぼ必ずといっていいほど現場の細かい課題の積み重ねによって発生しています。経営者目線からの施策だけで解決などできるはずもなく、「改革の主戦場」を経営者だけで決めることはできません。

つまり、現場の課題を漏れなく抽出して経営課題との関連性を明らかにしつつ方針を立てないと、改革は実現できないのです。

④「改革の主戦場」を決める

課題を分類・整理する

議論が堂々巡りに陥るのを避けるため、課題の分析や原因の追及作業に入る前に、まず拾い出された課題を分類する作業から始めます。

こうした課題群の分類にはいくつかの手法がありますが、当社でお勧めしているのは「親和図法」です。親和図法はQC手法[*20]の1つとして教えられることが多いので、製造関係職の方であればご存知かもしれません。詳しくはQC手法の専門書に任せるとして、なじみのない方のために簡単にその方法を解説します。

次ページの**図**をご覧ください。親和図法は、模造紙と付箋紙を使うシーンをイメージすると、直感的に理解しやすいと思います。

まずは情報（ここでは課題や困りごと）を付箋紙1枚に1つずつ書き出します。それ

＊20　QC手法とは　QC7つ道具、新QC7つ道具などを用いてデータの収集から分析、加工を行い、問題解決につなげる手法のこと

■親和図法を使った分類法

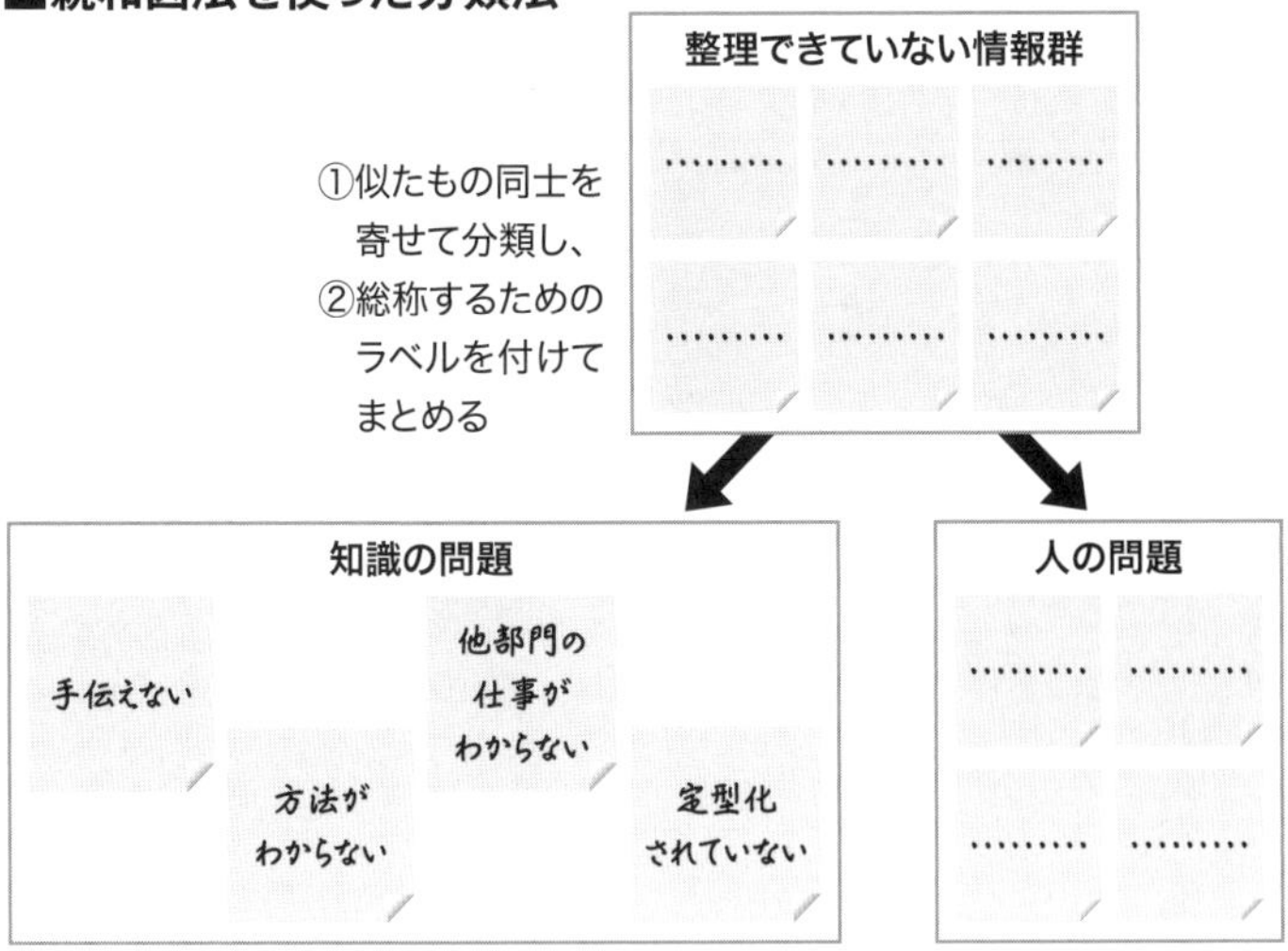

らを模造紙の上に全部並べ、チームメンバーで議論しながら「似たもの同士」をグループにまとめてゆきます。そして、「似たもの同士」の特性を表す言葉を全員で考え、それをグループ名とします。図では、「知識の問題」「人の問題」といったグループ名がつけられています。

　この作業を通じて、それぞれの課題や困りごとが持つ意味への理解が深まり、一見すると無関係なもの同士が深いところで相互に影響し合っているなど、その関係性の有無を確認することができます。

社長の困りごとと現場の困りごとを同じ俎上に並べる

　さて、A社のプロジェクトでは、100

以上の課題が並んだ表がすでに印刷されていましたので、それを拡大コピーして、課題を1つずつハサミで切り分けました。その細長い短冊状になった課題を、発案者が補足説明しながら、メンバー全員で「似たもの同士」にグループ分けしてゆきました。その結果、

①「原価の見える化」グループ　14件
②「在庫の見える化」グループ　19件
③「製造状況の見える化」グループ　36件
④「その他」グループ　49件

という4つのグループに分類できました。

ここでメンバーが注目したのは、社長がもともと持っていた3つの課題、すなわち「生産性がわからない・原価が見えない・納期がわからない」という経営者としての困りごとの多くが、②と③のグループに分類されたことです。

この分類作業を通じて、社長の課題と現場の課題が同じまな板の上に並べられ、メンバー全員で平等に共有されました。

課題の分類と議論がプロジェクトチームにもたらす効果

この作業の目的は、プロジェクトに集められたメンバー全員で、

- 会社のなかに埋もれている大小さまざまな課題をすべて把握し、共有する
- 経営上の課題と現場の課題の関連性を整理する
- 社長の経営者としての問題意識を理解し、共有する

ことにあります。それができて初めて、プロジェクトチームとして活動するスタートラインに立ったことになるのです。

このプロジェクトチームは、デジタル化を推進するために発足したものですが、このような活動を続けることによって、経営意識を持って継続的に改革を推進できる「デジタル改革チーム」に進化してゆきます。

デジタル化が達成できればプロジェクト活動の当初の目標は達成されますが、改革活動に終わりはありません。また、第1章で述べたとおり、企業が最終的に目指すべきデジタル化は、ビジネス環境の変化に合わせて常に改革・改善が進行するデジタル化レベル③です（26ページ参照）。

このプロジェクトチームを委員会なり恒久的組織なりにして残し、継続的に活動させることによって、時代やビジネス環境の変化に応じた会社のデジタル化も経営改革活動も推進できるようになり、真のレベル③企業にステップアップできます。

いわば「社長の右腕」となる組織として、会社の大きな財産になるのです。

A社の場合

すべての課題を分類し終えたら、いよいよ「改革の主戦場」を決めます。

ここまでの作業を通じて、チーム内のコミュニケーションはかなりスムーズになっているはずです。経営課題と現場の課題の関係性についても、おおよそのコンセンサスが構築されているはずです。

A社の場合は、私が「改革の攻めどころはどこに決めますか？」と質問を投げたところ、すぐさま事務局メンバーの1人が、

「製造状況の見える化と在庫の見える化のグループカテゴリーに課題が集中しています。合計すると全課題の半数近くになり、そのなかに社長が提示された課題がほとんど含まれていることがわかりました。

つまり、**製造状況と在庫情報をデジタルで管理することができれば、当社の持ってい**

る主要課題の多くが解決し、経営課題もクリアできるのだと思います」

と即答しました。

社長をはじめとするプロジェクトチームは、この段階ですでにベクトルが強く一致していたようで、彼の発言に誰も異論を挟むことはありませんでした。

プロジェクトの最初の段階から課題への対策を検討しようとすると、このようにスムーズな主戦場決定はできません。

A社でも、最初にメンバーが集められたときは、皆うんざりした表情を浮かべていました。今まで何回も課題への対策を指示されてきたからでしょう。

それが、課題を分類する段階で自分の出した課題が1つも捨てられることなく分類されてゆく様を見て、また、議論を通じて他のメンバーがそれらの課題への理解を深め、共感・共有してゆくのを肌で感じるうちに、雰囲気はガラッと変わってゆきます。自然に会社の課題に対するコンセンサスが形成され、スムーズで質の高いコミュニケーションができるようになるのです。

当社の経験上、これに失敗した会社は見たことがありません。

改革の主戦場は「在庫と製造状況の見える化」

さて、活発な議論が始まったA社のプロジェクトメンバーは、さらに検討の順番に関する議論を進めました。そして、

「製造状況と在庫状況がきちんと把握できるようになったら、次に原価の議論ができる」
「逆の順番は論理的にあり得ない」

という合意に至りました。

在庫を把握した上でないと原価がわからないのは当たり前の話です。しかし、課題整理の作業をする前は、各自の立場の違いが議論の邪魔をしてしまい、このように当たり前のことでも議論がまとまらない状況でした。

しかし、社長の課題と現場の課題が紐づけられ、チーム全体で検討するなかで、これらの「社長の課題」が製造状況と在庫状況のデジタル化ができて初めて解決策の検討に着手できることを全員が理解し、改革に向けた優先順位が定まったわけです。

これで、**A社の改革の主戦場は、「在庫と製造状況の見える化」に決定**しました。

5 「あれもこれもデジタル化」を避ける方法

デジタル化規模が肥大化するリスク

改革の主戦場が決まったところで次のステップに進みたいところですが、その前に1つはっきりさせておくことがあります。

それは**「優先度の決定」**です。

改革の主戦場のなかには、解決しなければならないさまざまな課題がつまっています。それら個々の課題を解決する優先度や順番を定めておきます。それが、「優先度の決定」です。

これらの優先度を決め、チーム内でコンセンサスを形成しておくことは、「あれもこれも全部デジタル化して改革したい」という強い欲求を抑えるために、絶対に必要な作業です。

仮に「優先度の決定」をしないままデジタル化を進めようとすると、非常に高い確率でトラブルが発生します。それは**デジタル化規模の肥大化**です。

どんな規模の会社も、一度に投資できる金額や投入できる経営リソースには限りがあります。ところが、ＩＴベンダーからいろいろな提案がなされ、しかもそのなかにはとても魅力的に思える機能が含まれていたりするので、

ＩＴベンダー「〇〇という機能があり、これが当システムの最大の特徴となっています」

社長「それは凄い！　それを使うと〇〇のようなこともできるのですか？」

といった具合に、関心がそちらに流れていきがちです。システム導入の本来の目的を棚に上げてしまい、提案された機能に興味が移ってしまうのです。

当社の経験上、そのようなことがきっかけとなってシステム投資を失敗したという話は非常に多く聞きます。これはＩＴベンダーの営業力が素晴らしいだけで、悪いことは何もありません。話を聞く側に「**話を聞く準備ができていない**」ことが問題なのです。

デジタル化によりどんな改革を求めるのか？

それをどの順番で実現するべきか？

これらについて、「明確なポリシー」や「方針」、そして「選定眼」を持たずに導入す

るソフトウェアの具体的な検討に入ったり、情報に触れたりするのは非常に危険です。自社の「身の丈にあった投資」を阻害する要因になります。

「課題の影響度」別に優先度を整理する

したがって、この段階で親和図法で整理された課題1つひとつについて、次の観点から評価を行って整理します。

最優先：改革の主戦場に含まれていて、課題の影響度が大きい
優　先：改革の主戦場に含まれていて、課題の影響度が小さい
普　通：改革の主戦場に含まれていないが、課題の影響度が大きい
無　視：改革の主戦場に含まれておらず、課題の影響度が小さい

「課題の影響度」は、改革の主戦場検討管理表の項目の1つです。ここには、その課題が存在することによってどのような影響を引き起こしているのか、できる限り定量的で具体的な判定をした結果を記入します。たとえば、

この課題がなければ　⬇○○○万円の売上拡大が見込める
この課題をクリアできれば　⬇○○時間の短縮が見込める

といったように、経営面で見た課題の大きさと、現場目線での大きさを定量的に表現します。

ただし、これを厳密に実施しようとすると議論が堂々巡りに陥りやすいので、あらかじめ時間を決めて、その時間内でざっくりとやってしまうのがコツです。

この「優先度の決定」は、後々のステップに大きく影響します。あまり細かい議論にしないように、しかし「大きなくくりとしては正しい」とチームで合意できる程度を目指すのがポイントです。

第4章

デジタル化ステップ❷
業務プロセスの可視化と分析

Process Digitalization

① ステップ❷で進めること

課題の「本当の発生理由」は？

ステップ❷は、ステップ❶で拾い上げた課題の**本当の発生理由を解き明かす**ステージです。これは、黄金の4ステップのなかでも一番重要なプロセスです。

どの業務分野を改革の主戦場とすべきかはステップ❶で浮き彫りになりましたが、まだ「ある程度はっきりした」という状態です。さまざまな課題を明確化したつもりでも、実際には曖昧な表現の〝問題事項〟が書かれているだけです。

実際、何から手をつければよいのかわからないものや、課題や困りごとが発生している原因そのものがよくわかっていないものも多く残っています。

また、同じ課題を少し違う表現で、別の課題として書き出していることもあるでしょう。一見すると別の課題のように見えたものが、どの業務でどのように発生しているかを分析していくと、「同じ課題の言い方が違うだけだった」などということが必ずあります。

たくさんある課題の1つと思えたものが、他の課題を生む原因になっていることもあるので、対策を考える作業に入る前に、それぞれの課題の「関係性」や「発生原因」をきちんと整理しておかなければなりません。

それには、課題や困りごとが発生している業務を**プロジェクトチーム全員が理解し、本質的な議論ができるようにする**必要があります。

「業務プロセス」を可視化する

まずはプロジェクトチームに集められた各現場のキーマンたちが、自分が所属する現場の業務内容・プロセスを他のメンバーに説明するところから始めます。

このとき、自分の仕事のアウトプット例を口頭で説明したり、箇条書きにしたものをスライドに映しながら説明する、といった程度では不十分です。

チーム全員が「本質的な議論ができる」レベルにまで業務を理解するには、その業務が、他部門や他の業務担当者の業務と、どのタイミングで、どのように連携するのかまで、漏らさず把握する必要があります。

そもそも口頭による説明は、聞いた側が「わかったつもり」になってしまうリスクがあるので好ましくありません。

同じような説明は、後々システムを選定する際にＩＴベンダーからも求められます。そこで少し面倒でも、予備知識がまったくない人に個々の業務内容やその流れがわかるように、業務プロセスを詳細に書き起こして**業務を可視化**します。

業務を可視化する方法はいくつかありますが、当社では「業務プロセス管理図」[注]を使う方法をお勧めしています。

注　「業務プロセス管理図」は、ベルケンシステムズ㈱の登録商標です

② 「業務プロセス管理図」があぶり出す"課題の真の発生原因"

業務フロー図とは別次元の効果を生む「業務プロセス管理図」

123ページの図の例は、ある会社の受注処理の一部の業務を可視化したものです。これには営業部、業務部、資材部の3つの部署が登場します。横軸に登場部署が並び、縦軸は大体の時間軸を表しています。ここまでは通常の業務フロー図[*21]と変わりありません。

「業務プロセス管理図」が通常の業務フロー図と大きく異なるのは、図のなかに、「改革の主戦場検討管理表」で拾い出した課題や困りごとはもちろん、現場レベルで負担に感じる細かな困りごとまで含めて、**それらがどの過程で発生しているのか、ピンポイントで書き込んでいくところです。**

かなり細かなことまで書き入れるので、「業務プロセス管理図は美しくない」とお叱りを受けることもありますが、業務をきれいなフローチャートにまとめただけでは、業

＊21　業務フロー図とは　業務の流れや作業手順などを図にして視覚化したもの

務プロセスのどこに、どんな課題や困りごとがあり、どこで現場に無理を強いているのか、直感的に掴むことができません。

業務の流れを図に描き、その上に拾い出した大なり小なりの課題をピンポイントで書き入れることで、初めて本質的な原因が見えてきます。

また、社長が考える経営課題についても、「業務プロセス管理図」を作ることで、なぜそれが長年クリアできないのか、本当の理由を突き止めることができます。

たとえば、「製造納期が長すぎる」と社長が考えているのであれば、どうして納期が長くなるのか、この可視化作業のなかで真因が見えてきます。なぜなら、納期がかかる理由は1つの原因によるものではなく、複合的な事情によって発生していることが多いからです。関連するすべての業務を書き出した上で、時間がかかる作業やボトルネックになるところを全員で探し、その発生理由を議論するうちに、徐々に真因がはっきりしてくるのです。

「残業が多い」とか「材料廃棄が多い」といったぼんやりとした経営課題であっても、「業務プロセス管理図」を使ってプロジェクトチーム全体で可視化と分析を行うことで、必ず真因にたどり着きます。

■業務プロセス管理図

部門：業務部　日付：20××年4月1日付　備考：システム化前現状

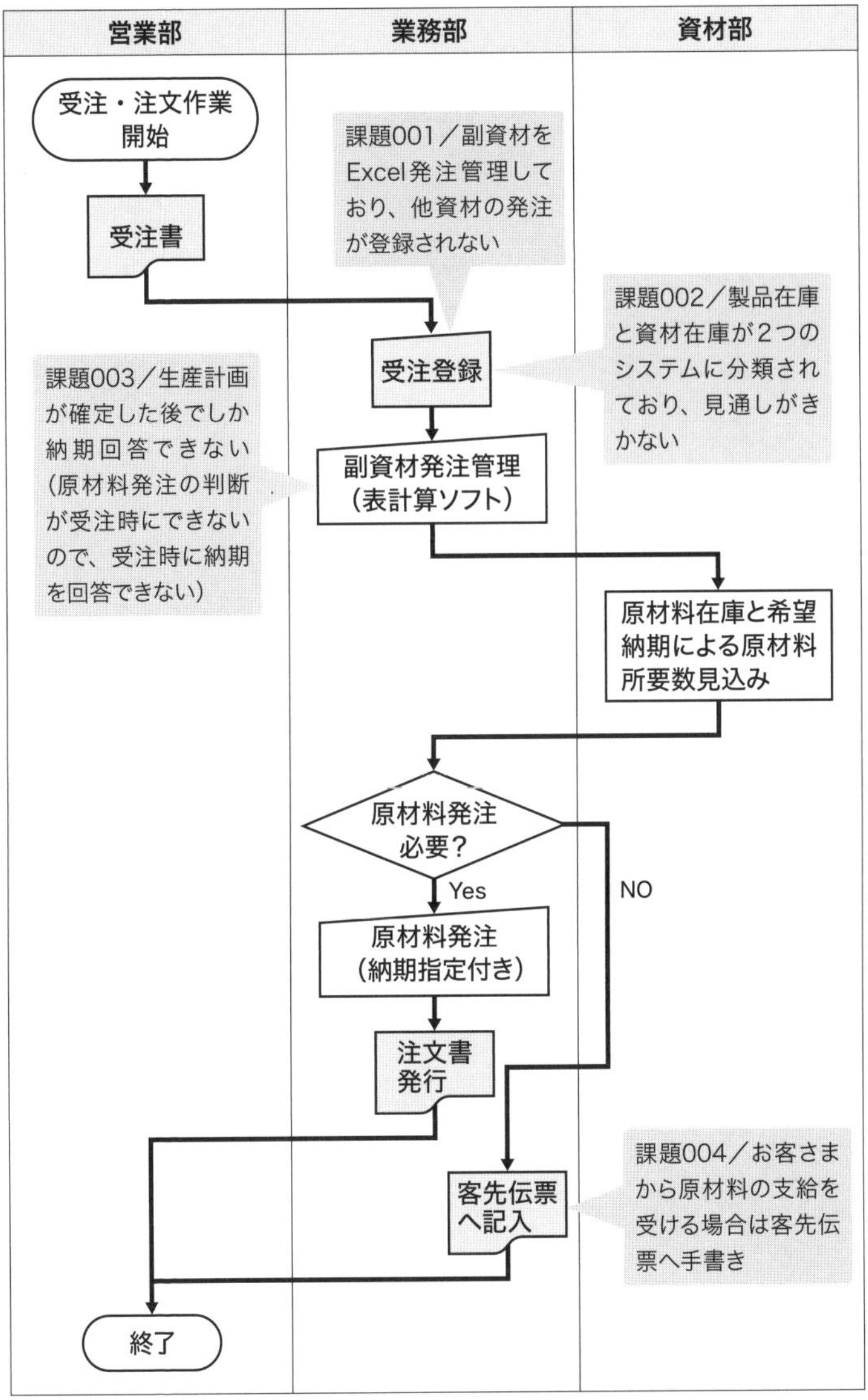

課題と業務を紐づける

業務プロセスを可視化するときは、まず、できるだけ正確に業務プロセスをフローチャート状に書き出します。次に、「改革の主戦場検討管理表」に記載されている課題をそこに書き込みます。

どこにどの課題を書き入れるかを議論するなかで、「改革の主戦場検討管理表」に記載されていない困りごとなどに気がつくこともあります。それらも漏れなく書き込んでゆくことがポイントです。

課題が発生している業務をピンポイントで特定できないこともありますが、そのときは課題に関連する業務を「群」で捉えて線で囲み、それと課題を紐づけて吹き出しをつけます。

こうしてすべての課題を「業務プロセス管理図」上にマッピングし終わった時点で、これを「改革の主戦場検討管理表」と見比べてみると、改めて抜けや漏れが多かったことに気がつくはずです。

業務プロセスの可視化なしに課題を抽出すると、どうしても抜けや漏れが発生しやすく、表現が曖昧になってしまうものです。また、困りごとレベルのものも、「業務プロセス管理図」上で議論する過程で具体的な課題に落とし込むことができるので、真因が明らかになります。

「業務プロセス管理図」を作ることによって業務課題の曖昧性が排除され、「本質的な原因」や「課題と業務との関係性」が明確化されるのです。

一通りの検討と作業が終わった後、「業務プロセス管理図」からもう一度、各課題を「改革の主戦場検討管理表」に書き戻す（表を更新する）ことによって、最初に拾い出した課題の正体がより具体的になります。ここまでの作業を終えれば、これらの課題を解決するには何をするべきかが、すでにメンバー全員の脳裏に浮かんでいるはずです。

一般的な課題対策型のアプローチでは、表面上の対策が複数出てくるだけで、改革レベルまでを見直した施策を講じることができず、取り組むべき課題そのものも小粒なものになりがちです。これでは成長に直結するデジタル化の実現など望みようもありません。

「業務プロセス管理図」による現状分析は、デジタル化レベル③を実現するための必須作業なのです。

4

③ なぜ運用できないシステムを導入してしまうのか

システムが想定する業務と実際の業務のミスマッチ

ここで、A社が「生産管理システムを導入したのに運用できなかった」理由をもう一度おさらいしておきます。

A社が導入したシステムを運用できなかった理由

- 製品には、単価が高く納期が非常に長い部品を使っている
- 部品単価が高額であるため、部品在庫を持つことはしたくない
- 受注してからその部品を発注していたのではお客さま指定の納期に間に合わない
- そこで、商談がある程度確実になった段階で、先行して発注している
- ところが、導入した生産管理システムは部分発注がしにくい構造で、全部品の一斉発注が前提となっていた

アナログな会社を劇的に変える　中小企業のための
『会社を正しくデジタル化する方法』

読者サービスのご案内

本書で解説している考え方や手法について、読者専用の無料動画を用意いたしました。文面ではなかなか理解が難しい部分や、微妙なニュアンスの部分などを、著者　鈴木純二みずから解説します。

ぜひご活用ください。

動画『会社を正しくデジタル化する方法 ～そのかんどころ～』の内容

本書で解説した「デジタル化を成功させる黄金の４ステップ」について、誤解しやすいこと、間違いやすいこと、なかなか進められない時の注意点などを、インタビュー形式でコンパクトにまとめたものです。

動画配信ですので好きな時に何度でも閲覧できるうえ、すきま時間に何回かにわけて視聴することも可能です。本書と合わせてぜひ皆様の会社のデジタル化プロセスにお役立てください。

アクセス方法

●PCから

① ブラウザーで　https://belken.jp/book1　へアクセスする
② パスフレーズ　「1650」（半角数字）を入力
③ ご自身のメールアドレスなど、必要事項を入力して「入力内容を確認して送信」を押す
④ ご自身のメールアドレスに動画閲覧ページのリンクが自動返信される

●スマートフォンから

① 右のQRコードにアクセス
以後、上記②～④と同じ

（裏面に続く）

※この動画は、本書の著者　鈴木純二が代表取締役を務めるベルケンシステムズ（株）の制作によるもので、内容は本書の執筆時（2023年８月時点）のものです。

※本動画は、予告なく配信を終了することがあります。あらかじめご了承ください。

※動画を閲覧ができない、音声が出ない、途中でとまるなどの視聴上のトラブルについて、一切のサポートと保証は致しかねます。

※動画制作協力　行政書士友淵事務所　友淵　大　様

●そのため、システムでの自動発注機能が使えず、売上管理のみの運用にとどまってしまった

これが、導入したシステムを使いこなせなかった原因でした。

ここで1つ、疑問が生じます。

どうして使いこなせないシステムであることに気づかずに導入を進めてしまったのでしょうか？

それは、「生産管理システムが想定している業務の流れ」と、「実際の（A社独特の）業務の流れ」の差を分析するステップを踏まなかったからです。

出来合いのパッケージソフトウェアを導入することで非効率な業務プロセスを強制的に改革する方針なのであれば、ソフトウェアに仕事を合わせるのも選択肢の1つです。しかしそのときは、「ソフトウェアに合わせることで、自社の業務にどんな変化が迫られるのか」を事前に明確化しておかなくてはなりません。

納期の長い一部の部品を事前に発注していることは、A社の社員全員が認識していました。ところが、それはあまり議論されることなく、導入後に問題として発覚してしま

いました。これは、事前に業務プロセスに関する検討が足りていなかった証拠です。

もし、システム導入前にそれがわかっていたら、おそらくITベンダー側も、現業務に合わせた提案をしたり、設定に工夫を凝らすなどしていたでしょう。

日本企業独特の〝仕事の回し方〟に潜む落とし穴

また、日本の企業では、特に「起案・確認・承認のプロセス」が非常に複雑なケースがありますが、これもシステムが運用できない原因になります。

たとえば「○○という伝票を承認する」という単純な業務1つとっても、実際には「A部門で起案して部長まで確認をとったら、次にB部門の部長に合議をとり……」という複雑なプロセスを回していることがあります。それを「便利そうだから」という頭のなかの想像だけでシステム化してしまうと、システムが想定する業務の流れにマッチせず、「手間と時間がかかってとても運用できない」といったことがよく起こります。

業務と課題を「業務プロセス管理図」で可視化してみると、その仕事にどれだけの手間がかかっているのかが一目瞭然にわかります。

次に示す例は、特に課題を生む要因になりやすい業務です。

●承認プロセスが多部門にまたがっている
●いったん他部門に仕事が渡っても、再度自部門に戻ってくる
●2つの状態が揃わないと次に進めない業務がある
●唐突に仕事が発生している（仕事の起点が不明）
●ずっと1部門で作業することになっている（属人性の原因となる）

こうした実態は、口頭で説明されただけではなかなか把握できません。業務プロセス管理図で可視化して初めて、客観的にとらまえることができるものです。

さらに、これらはデジタル化以外の方法で改革・解決できる場合が多いことも注目されます。承認プロセスが複雑すぎるのであれば、組織ごとの業務分掌を見直すことでただちに改善できる可能性がありますし、複数の業務を並行処理できる可能性もあります。

非合理的な業務プロセスがシステムを複雑化する

忘れてならないのは、**非合理的な業務プロセスをそのままデジタル化してはいけない**という点です。

起案・確認・承認のプロセスが複雑な現状をそのままにしてワークフロー機能[*22]を導入した、という話は枚挙にいとまがありません。しかし、そのようなことをすると、システムそのものが複雑になり、予算額が跳ね上がってしまいます。特に、承認を得る内容によって承認者や合議者が異なる場合や、これらの人が不在のときの代理確認権限が曖昧な場合などは要注意です。

現行の承認プロセスに合わせて無理やりワークフロー機能を導入すると、システムによって承認フローが厳密に定められてしまうため、まったく融通が利かなくなり、かえって非効率さが増すことも起こり得ます。

＊22　ワークフロー機能とは　承認プロセスを自動化するソフトウェア。あらかじめ設定した起案・確認・承認のプロセスの通りに書類を回すことが可能となる

④デジタル化前提の業務プロセスに見直す

業務プロセスに潜む課題

このような事態を避けるには、まず①**業務プロセスを見直してから、②デジタル化を考える**という順番で検討を進めることです。

さらに、「原因がはっきりしない課題」や「困りごとレベルの懸案事項」についても、その関連業務を可視化して分析することで対処の仕方が見えてきます。

当社がコンサルティングに入ったある企業では、

〈現在の業務プロセス〉
- ある表を完成させて次の作業部門に渡すことが決まりになっている

〈現場の困りごと〉
- その表を作るために、担当者は多くの時間をかけて膨大な情報を集めている

（業務の可視化による発見）

・ところが、次の作業部門では、その表をある時点から使わなくなっていた

　このような、担当者にとっては誠に悲しい例すら存在しました。可視化して、関係者間で分析することによって初めて白日の下にさらされた衝撃の事実です。

　このように「見直しが必要な点」が明らかになったところで、デジタルの力を借りる前提で**業務プロセスをあるべき姿に書き換える**作業を進めます。まず、①**合理的な業務プロセスを考える**、次に②**デジタルの機能を使って、さらに合理的な業務プロセスを再設計する**という手順です。

　ここまで検討・再設計した「業務プロセス管理図」があれば、ステップ❹でＩＴベンダーへ自社の要求事項等を説明する段階になったとき、

- **デジタル化によって、業務をどのように変革したいのか**
- **必要とする機能の概要はどのようなものか、どのような効果を得たいのか**
- **「改革の主戦場」の課題を解決することで、会社をどのように変革したいのか**

といったデジタル化の目的や目標を的確に伝えることができます。

これらを提示・説明することによってのみ、ＩＴベンダーは適切で必要最低限の機能を提案できるようになり、後々のトラブルを防止することができるのです。

「業務プロセスの可視化」こそがデジタル化成功のカギ

「業務プロセスの可視化」に伴う作業は、プロジェクトのメンバーにとって、大きな負担になることは間違いありません。

経験上、たとえば２００〜３００名規模の会社でこの作業を遂行するには、次の①から⑥の作業を２〜４か月かけて進めることになります。

①各メンバーが手分けをして現場業務のヒアリングを行う
②ヒアリング結果を「業務プロセス管理図」に書き込む
③作成した「業務プロセス管理図」をヒアリング対象部門の担当者に見せ、間違いがあれば正す
④週に１回、プロジェクトミーティングを開き、手分けして作成した「業務プロセ

ス管理図」を持ち寄ってプロジェクトメンバーに説明する
⑤「業務プロセス管理図」を元に分析を行い、課題の発生原因を突き止める
⑥漠然とした困りごとの発生原因を特定して、「課題」に変換する

中小企業にとって、この作業負担は非常に大きなものですが、この作業を飛ばしてデジタル化はできません。この作業こそが、デジタル化成功のポイントだからです。

さらに言えば、第2章で解説した、顧客接点改革に関係する課題やその解決策も、この作業のなかでしか議論できません。いくらカスタマーサクセスにつながる顧客接点改革を考えても、社内の業務がそれに対応できなければ絵に描いた餅です。

A社では以前、生産管理システムを導入する際、この作業を省略してしまったために、「パッケージソフトウェアが前提としていた業務プロセス」と「自社の業務プロセス」の違いを具体的に検討する機会を得られませんでした。結果的に、業務との不適合が発生して、せっかくのシステムを運用することができなかったのです。

業務プロセスの可視化は、デジタル化を成功させるための必須作業です。絶対に、ここで手を抜くことはできないのです。

⑤「業務プロセス管理図」による可視化作業の実際

全プロジェクトメンバーで取り組む

ここからは「業務プロセスの可視化」作業について説明していきます。

137ページに写真でご紹介したのは、A社が作成した実際の「業務プロセス管理図」です。プロジェクト事務局が保管用に清書したもののなかから、ごく一部を抜粋しました。かなり生々しい情報が入っていますので、判読できないように画像を加工していることをご容赦ください。

可視化の対象業務は「商談の発生↓見積り↓受注↓製造↓出荷・搬入」です。一番左の列がお客さま、その右隣から営業をはじめとする各部門が並び、商談発生から出荷までの流れを可視化しています。

この図中、グレーに塗りつぶされている箱が課題を表す「吹き出し」です。実際の作業では、プロジェクトメンバーが会議のなかで付箋と模造紙を使い、議論しながらまとめてゆきました。

A社の場合は、社長を含むプロジェクトメンバーが3か月ほどかけてこの作業をこなしました。

A社は、製品がいくつかのシリーズに分かれていたこともあって、作業は苦労を伴いました。幸い設計部門が図面プリンター用のロール状模造紙を持っていたので、それに手書きでフローを描きつつ、付箋で課題を貼り付ける作業を数回繰り返しました（**写真①②**）。

写真①
「改革の主戦場検討管理表」等で拾い出した課題や困りごとを付箋に書きうつす

写真②
手書きしたフロー図の該当箇所に関連する課題を書き出した付箋を貼っていく

■A社が作成した業務プロセス管理図（一部抜粋）

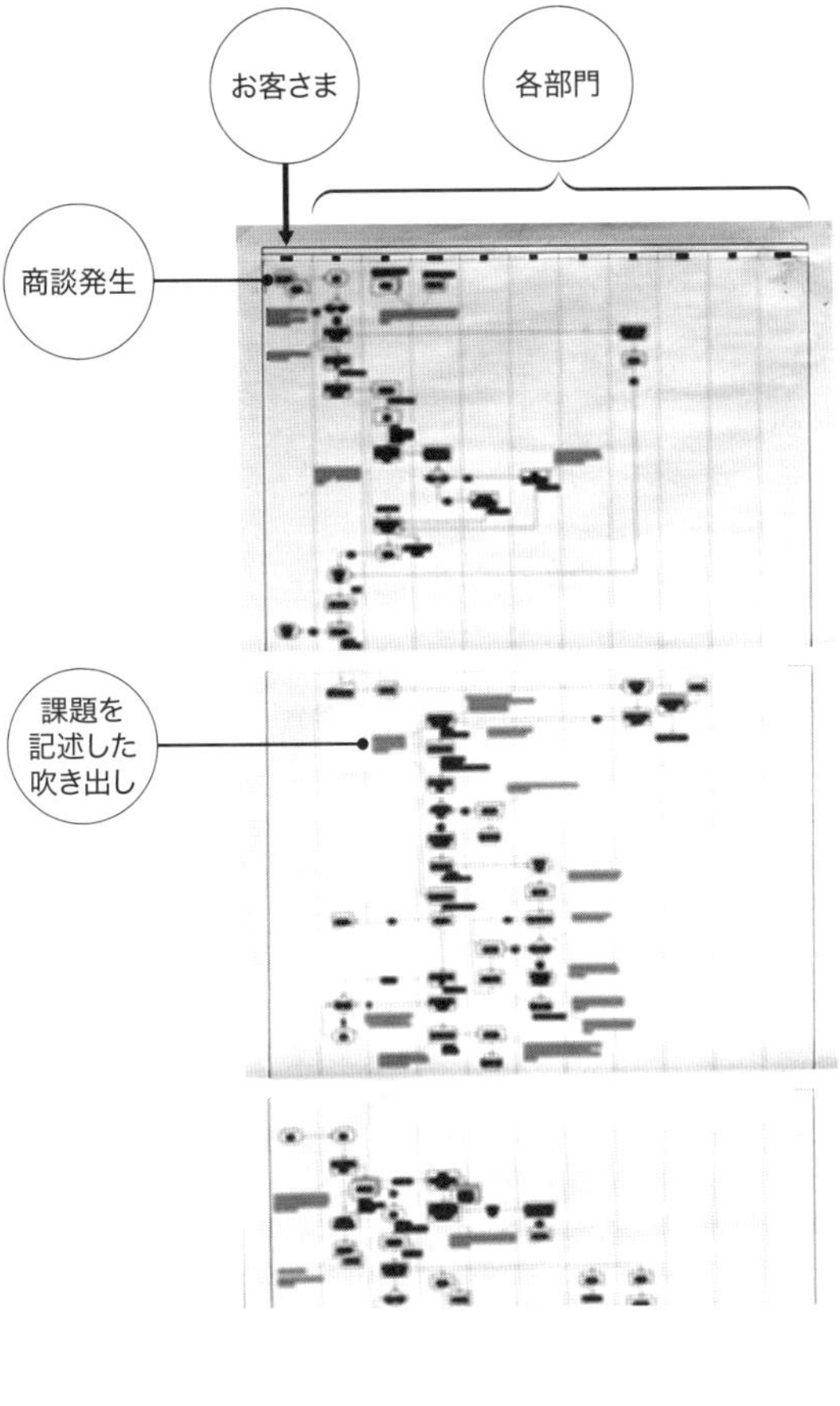

社長の知らない業務プロセスの全貌が姿を現す

当初、社長は「作業が流れに乗ってきたら、私は参加しなくてもよいですよね？」とおっしゃっていましたが、可視化作業のなかの議論は社長にとって大きな刺激になったようで、「そんな作業をしていたのか！」といった驚きや、「そこまでやることにどんな意味があるのか？」といった質問を次々と出されていました。

第1章でも説明しましたが、業務プロセスは生き物のように変化するので、社長が現場担当だった頃の業務と現在の業務とでは、まるで別モノになっていたからでしょう。結局、社長は途中で抜けることなく、最後まで可視化作業に参加していました。

苦労の末に、全長3メートルほどの複雑で長大な業務プロセスがその全貌を現しました。先に掲載した写真はその一部でしたが、全体では左の写真のようなボリュームです。

作業を始めた当初は、かなり細かい作業までを記述しようとするメンバーもいたので、思うように進みませんでした。そこで、

「何らかのアウトプットがある仕事」
「他の部門や担当者に関連する仕事」
「自分でなければ完了できない仕事」

を中心に可視化作業するようにアドバイスし、「可視化の粒度」を合わせつつ作業を進めてもらいました。

最後に、このなかに書かれた課題を事務局が「改革の主戦場検討管理表」に追記・修正します。最初、100項目ほどの課題が書かれていた「改革の主戦場検討管理表」は、最終的に250項目前後の一覧表に姿を変えました。

⑥ 社長は「業務プロセス管理図」から何を把握すべきか

衝撃的だった「社長の課題」の発生原因

「業務プロセス管理図」とそれを元に改訂された「改革の主戦場検討管理表」は、眺めれば眺めるほど、社内にあるさまざまなボトルネックや、カスタマーサクセス面での改革のヒントを教えてくれます。

A社の場合は、主に次の2つが原因で「社長の課題」が発生していることがわかりました。

社長の課題の発生原因

①1つの職場に作業が集中している
②生産にかかわる情報のほとんどが、紙と表計算ソフトになっている

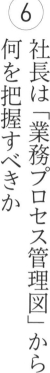

さらに言うと、このうち①については「1つの職場」ではなく、「1人の人間」に作業が集中している実態が明らかになりました。

プロジェクトチームのメンバーの多くは、もともとそのことに気がついていたようですが、可視化作業によって改めて明文化され、つきつけられた事実は、社長を含むチームメンバーに大きな衝撃を与えました。なんと、**すべての受注の製造準備作業が、1人の手によって処理されていた**のです。

社長がその事実を当事者に確認する様子を横で拝見していましたが、

社長：本当に君1人でこの仕事を全部やっているの？

担当：はい、そうです。かなり昔からずっとやっています。

社長：体調を崩したらどうするの？

担当：私は体調には自信がありますので、大丈夫です。

社長：そうはいっても、インフルエンザにかかるかもしれないよね？

担当：それは心配なので、毎年予防接種を受けています。だから大丈夫です。

社長：そうはいっても、交通事故に遭うかもしれない。

担当：私はゴールド免許保持者ですので大丈夫です。

社長：部下を2名つけたはずだが、その2人に作業を任せられないのか。
担当：彼らは伝票起票や送信、それにファイリング作業で手一杯です。
社長：……。

こうした半ばあっけらかんとしたやり取りが交わされました。その場にいた誰もが何も言えずに押し黙っていたことが、妙に印象的でした。

当の担当者としては「自分がやらなくて誰がやるのか」という覚悟の下、強い決意で「自分にしかできない」と思っている仕事に取り組んでいる熱意も伝わってきました。

しかし、いくら担当者に熱意と誇りがあっても、極端な属人化がはっきりした以上、そのまま放置することはできません。その社員がいなくなっただけで仕事が突然回らなくなり、お客さまに迷惑をかけ、製品も出荷できなくなる。これでは、いつ会社が傾いてもおかしくないからです。

さらに②については、それが社内で情報が共有されない根本的な原因であることは明白でした。

社長は「受注した後の状況がわからない。いつ出荷されるのか把握できない」といった経営課題を抱えていましたが、注文を受けた後の処理は全部紙で、しかもただ1人のキーマンが作業していたわけですから、この人に聞かないと状況がわからないのは当たり前です。当然、その担当者は日常の業務で忙殺されていますので、社内のどこにいるかわからない、社内を走り回っているので電話にも出ない、メールもなかなか返ってこない、という状態です。

仕事が完全に属人化しているので、同じ部署の人間に聞いてもまったくわかりません。受注した仕事がその後どうなっているのか、簡単に把握できるわけがなかったのです。

カスタマーサクセス面から言えば、納期をお客さまに確約できない〝元凶〟がここにあることが明確になりました。

「業務プロセス管理図」は〝経営改革の羅針盤〟

その他にも「製造実績登録が徹底されていなかった」とか、「部品購入単価は実際の注文時の価格ではなく過去の実績金額を登録している」といった、経営層からみて改善しなければならない業務上の課題やその原因が多数発見されました。

先ほど発覚した業務の属人化も、もとを正せば過去の組織編成の際の配慮不足によって発生したものだとわかりました。部下を2名つけただけでは業務を分担することができず、属人化解消に至らなかったのです。

つまり、社長がカンでやっていた体制変更や人の育成方法など、およそ会社組織としての根幹に関わる問題点が、業務プロセスの可視化によって明らかになったわけです。その後まもなく、社長は人員配置を見直し、属人性の解消に取り組みました。業務プロセスの可視化を通じて行うべき業務改革が明確になり、社長はそれを実行したわけです。デジタル化にとりかかる以前に、です。

できあがった「業務プロセス管理図」と「改革の主戦場検討管理表」は、社長にとって「会社の現状設計図」という存在でもあります。

これは、事業承継を予定している会社にとっては非常に有効に使える情報です。

「後継者に事業承継したい。後継者も頑張って社内に溶け込もうとしている。しかし、何十年も社長である私がやってきたことを後継者にわかるように説明するのは難しい」「課題だらけの状態で会社を継がせては、後継者に申し訳がない……」と悩まれている社長は少なくありません。このとき「業務プロセス管理図」があれば、会社の実態を漏れなく後継者に説明することができます。また「改革の主戦場」も明確になっているので、後継者がどこから手を打てばいいのか、明確に伝えることが可能です。

「業務プロセス管理図」は、社長にとって、まさしく**経営の羅針盤**とも言えるものです。

コラム

業務プロセスの可視化でやってはいけない5つのこと

業務プロセスの可視化作業を進めようとすると、たいていの場合、「誰かが書けばいい」とか「すでに書いたものがある」「やっていることが複雑すぎてとても全部は書けない」といった否定的な意見が出ます。

確かに作業の負担は無視できるレベルではなく、下手をすると残業続きという、現代の雇用環境では許されないぐらいの負担になることもあります。そのため、社長が業務プロセスを可視化するように指示したとしても、担当者は負担が重いことを直感的に理解しますので、その作業を少しでも楽にしようと、あの手この手を講じようとします。あげくの果てにさまざまな失敗をしてしまうのです。

そんな失敗をしないように、業務プロセスの可視化で絶対にやってはいけない５つのことを簡単に説明します。

①個人個人に業務の書き出しを任せてしまう

これはよくある間違いのナンバーワンです。業務プロセスの可視化作業を「1人ひとりが何をやっているかを書き出せばいい」と解釈するとこうなります。

これをやってしまうと、その人が「常識」だと思っていることが省略され、可視化漏れが起こりやすいのです。

私も若い頃、部下に「あなたのやっている仕事を書き出してください」と指示したことがあります。そのとき部下が作ってきたのは、たった3行の箇条書きメモでした。

その部下は残業が多く、会社から問題視されていました。管理職だった私が何とか改善しないといけませんので、このような指示を出したのですが、3行の箇条書きではまったく手がかりが掴めません。

仕方なく、

「こういう箇条書きではなくて、たとえば部外の人との調整があるでしょ？　それに時間がかかっているはずだよね？　それを論理的に説明するフロー図を書いて欲しいんだよ」

とやんわりと頼んだのですが、

「そんなことを書き出したら、きりがないですよ。複雑になってしまって、とても書き切れたものではありません」

と、にべもなく断られてしまいました。

その部下にしてみれば、口頭でのやり取りはケースバイケースで内容が異なり複雑なので、それを図にすることはできない。できたとしても、図にすることにまったく意味がない、と判断していたのです。

この例は少し極端かもしれませんが、個人個人に書き出しを依頼すると、どうしてもその人独自の物差しで書くことになるため、第三者から見ると、「あの仕事について書いてないけど、どうして?」と思うような、極めて雑な可視化作業になることがよく起きます。

反対に、じつに細々と書き始める人もいて、「もうあと2週間ください」などと言ってくることもあります。途中まで書いたものを見せてもらうと、「表のB2セルにその日の日付を記入する。記入する時の時間が15時を超えている場合は、翌日の日付を書く」などといった、気が遠くなるほどの細かさで書いていたりします。

これではさすがに書き切れませんし、それを分析するのも困難になります。そもそもそこまで細かく書いてしまうと、かえってアウトラインが理解しにくくなり役に立たないでしょう。

こうした事態になることを避けるには、業務の書き出し作業の初期段階で、全メンバーでそれまでに書き出した内容のサンプルを見せ合う機会を作ることです。その際に、書き出した内容がお互いの業務内容をチェックできるレベルになっているか、相互に確認させることがポイントです。

②業務手順書を転用する

これもよくあるパターンです。業務手順書には業務の順番が書いてあるので、「それを読めば全部わかるはずだ」という理屈です。

しかしこれも、業務可視化作業の参考書にはなりますが、可視化したことにはなりません。なぜなら、そこには手順しか書いていないからです。

業務手順書はマニュアルですから、それを逸脱することは想定していません。しかし実際の業務には、例外処理が多いものです。たとえばAという種類の場合はこの手順、Bという種類の場合はあの手順、といった具合になっていることが多いはずですが、業務手順書にそのすべてが記載されているとは限りません。

一方で、業務プロセスの可視化作業では、このようなケースバイケースの作業もフローチャート図で表現します。手順書とは、業務分析の観点においてはまったくの別物なのです。

業務プロセスの可視化は「会社全体のどこにどのような課題が存在しているのか」を明確にするために行うものです。個別の業務手順書をいくら眺めても、その目的を達成することはできないのです。

③部門ごとに書かせてしまう

これは大きな組織にありがちなミスです。

特に複数の部門が複雑に連携して仕事をしている組織の場合、それを全部書き出そうとすると確かに面倒なので、各部門がその部門のなかでやっていることを書けばよい、と都合よく判断してしまいがちです。

業務プロセスを可視化する最大の目的の1つは、社内の組織と組織、人と人の間でどのような作業分担が存在しているかを明らかにすることです。部門単位で書いては、その目的から外れてしまいます。

多少手間がかかっても、関係する部門を全部集めてフローを書いてゆくのが王道です。

④粒感を調整していない

業務プロセスの可視化作業をしていただく際、この「粒感」に関する質問は非常に多くあります。そのほとんどが、「粒感を統一する方法がなくて困る」というものです。

残念ながら、これに対する完璧な対策は見当たりません。なるべく粒感が合うように工夫するしかないでしょう。

たとえば、次のような「工夫」が考えられます。

工夫1：リーダーの判断で決める

強権的な手法ではありますが、粒感が何を意味するか具体的に言えない以上、仕方ありません。

工夫2：複数の部門が合同で書く

関係する複数の部門同士で議論すれば、「そちらからこの申請書がくるから、うちではこんな作業をしているのだけれど、このフロー図には書いていないよ」といった指摘が入ります。相互にチェックする状況を作れば、粒感が極端にばらつくことを防げます。

⑤書き方や使う記号を統一していない

これも、特に規模の大きく業務プロセスの可視化作業にかかわる人数が多い企業で起きがちなケースです。

123ページに示した業務プロセス管理図では、業務の流れを長方形や菱形といった図形を使って、どんな作業なのか一目でわかるようにしています。

たいていの場合、単純な作業はほぼ全員が長方形を使って書き表します。しかし、たとえば「この場合は○○の処理に進むが、違う場合は××の処理に進む」といった、条件に応じてその後の作業が変わる場合、ソフトウェア開発で使うフローチャートのように菱形を使って表現する人と、無造作に長方形を使ってしまう人がいたりして、完成した業務プロセス管理図の理解がむずかしくなってしまいます。

可視化作業を始める前に事務局が図形の使い方のガイドラインを作って、それを事前配付したり説明してから作業に取りかかってください。

以上、業務プロセスの可視化の「べからず集」というイメージで解説してみました。この作業はチームメンバーにかなりの負荷と負担をかけますので、当事者はあの手この手で少しでもラクをしようと試みます。しかしその結果、本来の目的や目標を見失っては元も子もありません。

業務プロセスの可視化は慎重に、しかも我慢強く進めることが肝要です。

ちなみに「面倒な清書作業はあの人にやってもらおう」という半ばパワハラのような行為も見かけますが、清書を1人に任せるのは避けるべきです。というのも、清書している最中に、書き方が曖昧だったり、そもそも仕事と仕事の間が線で接続できなかったりするなどの可視化作業の抜けや漏れ、ミスを発見するものだからです。

清書作業は1人ではなく、全員で分担することをお勧めします。

何より、違う部門の人たちがお互いの業務とそこにある課題について共通認識を持てるようにすることも可視化活動の意義の1つなのですから、仕事を押しつけ合うなどしてはならないことです。

第 5 章

デジタル化ステップ❸
「デジタル化方針」作り

Process Digitalization

① ステップ❸で進めること

課題への対策を立案する

ステップ❷の業務プロセスの可視化作業によって、「改革の主戦場」に属する課題の発生場所が特定され、改革の実現を阻害している原因が判明しました。A社の場合は、極度な業務の属人性と紙依存による情報の風通しの悪さが、その主原因と判明しました。

そこで、ここまで検討するのを我慢してきた「対策の立案」作業にようやく進むことになります。

しかし、単に対策を考えるだけでは個別課題への対応にとどまってしまい、小粒の業務改善にしかなりません。経営的にも現場的にも目に見える効果があり、顧客接点改革を通じたカスタマーサクセスが推進できる対策でなければ、社長はデジタル化に投資する価値を見出すことができないでしょう。

また、デジタル化ツールを提案してもらうＩＴベンダーに対しても、会社の狙いを的確に伝えて、最適なソフトウェアやサービスを提案してもらわなければなりません。単に「やりたいことリスト」を示すだけでは、ITベンダーには「それによって何を実現したいのか」という本当の目的が見えません。それではメリハリの利いた提案をするのがむずかしくなります。

そこでステップ❸では、次に挙げる目標に向けてプロジェクト活動を推進します。

- デジタル化方針の作成
（経営視点でのデジタル化の方針を定め、社内外へ説明可能な状態にする）
- 基礎要求事項の作成
（自社が必要としている機能を誤解が生じないように説明可能な状態にする）

さらに、これらをプロジェクトメンバーの誰もが、社長と同じように説明できるようにします。

「デジタル化方針」は社長自身の言葉で

特に、経営視点での「デジタル化方針」は、会社の経営方針にデジタル化施策を融合させて企業成長を図る重要な指針です。これは、**社長自らが、自分の言葉で説明する必要があります。**同時にそれは、社員に対してデジタル化を実行する号令を出す〝骨太の方針〟でなければなりません。

このように言うと、ふだんからあまり文章を書き慣れていない社長のなかには「荷が重い」と思う方もおられるでしょうが、心配は無用です。ステップ❶と❷をきちんとこなしてきた社長であれば、早ければ数分で、文案を書くぐらいのことはできるはずです。

②「改革の主戦場」に基づく骨太の方針作り

ターゲットはデジタル化４象限の「Ｂゾーン」

それでは、「デジタル化方針」の作り方について、具体的にそのコツを説明していきましょう。

ステップ❶の作業を通じて「改革の主戦場」はすでに定まっています。Ａ社の「改革の主戦場」は「在庫と製造状況の見える化」でした。

製造系の企業でデジタル化レベルが①や②の会社であれば、おそらく多くの企業がこの主戦場に帰結してゆきます。

販売主体の会社であれば、マーケティングのデジタル化や、インターネットによる顧客の囲い込みを「改革の主戦場」にして、他社との差別化を求める場合もあるでしょう。

クラウドサービスを開発・販売しているＩＴ企業の場合は、顧客の行動を把握し、契約に至る行動や離脱する時期・ポイントを見える化することを主戦場とする場合が多いものです。
病院の場合は少し変わっており、常時不足気味の看護師を確保することを目的に「看護師の労働環境を把握し、改善するデジタル化」を主戦場にするケースもあります。

いずれのケースにも共通するのは、**企業が成長してゆくための原動力**につながる施策を「改革の主戦場」と定めていることです。

ここで登場するのが、第2章で解説した**顧客接点改革によるカスタマーサクセス**です。カスタマーサクセスを実現させるデジタル化の4象限を思い出してください（78ページ参照）。

つまり、骨太のデジタル化方針は、4象限のBゾーン（「外向き・告知効果がある」かつ「売上拡大・成長につながる」）の表面に浮上することをターゲットに考えるのがポイントです。

ただし、無理にBゾーンのど真ん中を狙うことはしません。デジタル化の負担が企業体力を超えてしまうリスクがありますし、夢物語的な方針を導き出してしまう危険性をはらむからです。

理想を高く掲げすぎて〝方針倒れ〟にならないためにも、**たとえわずかでもBゾーン**

の表面に浮上することを目標に方針を策定します。つまりA社の場合は、在庫と製造状況の見える化（改革の主戦場）について、Bゾーンの表面に浮上することを目標に対策を考える、ということになります。

A社のデジタル化方針は「即答率を高める」

私が「どのような方針にしますか？」と尋ねたとき、社長は数秒考えてから、一気に次のように話されました。

「当社の製品は大型機械なので、お客様と調整の上、計画的な納品が必要」
「お客さまとの商談中、または受注後、納期の問い合わせや日程変更依頼があった場合に、即答[*23]できるようにする必要がある」
「**その即答率を常に計測し、改善を目指す**」

非常にシンプルで当たり前のことに思えますが、強く「顧客接点改革」を意識しています。また、これが実現できればお客さまのビジネス成長への貢献（カスタマーサクセス）につながります。

＊23　即答とは　ここでA社社長が言う即答とは、文字どおりその場で回答することである。「折り返し連絡します」は即答ではない

Ｂゾーンのど真ん中を狙うものではありませんが、外向き（お客さま向き）の効果もあり、Ａ社が成長するための足がかりともなります。これが実現すれば、Ｂゾーンの表面に浮上することは確かです。

中堅企業であるＡ社にとって、地に足がついた現実的なデジタル化方針と言えます。

③ デジタル化した会社の姿をイメージしよう

お客さまに「デジタル化した姿」はどう見える？

A社が立てたデジタル化方針は一見すると地味ですが、視点をお客さま側に移してみるとどうでしょうか。

お客さま企業は、これまでA社に納期を問い合わせても、回答を待たされていました。しかし、それらは巨大プロジェクトにかかわる機械の納期なので、搬入日程や他の作業日程に影響します。お客さま企業にとってはとても重要な情報であるにもかかわらず、A社は即答できなかったのです。

それがある日突然、電話口で納期を即答するようになったら、それだけでも大きな驚きと感動につながることは間違いありません。「A社さん、どうしちゃったの？　別の会社に生まれ変わったみたいだね」という印象さえ持つでしょう。

納期を含む製造や配送の状況が即座に把握できるようになれば、納期の変更要求にも柔軟に対応しやすくなります。もちろん、さまざまな工夫が必要になることでしょう。しかしそれが実現できれば、競合する同業他社に比べて「A社のほうが納期は確実だし小回りも利くから、このプロジェクトはA社に任せよう」と考えるお客さまが増えるかもしれません。

小さな改善のように見えますが、顧客視点に立ってイメージを膨らませると、中長期的に大きな成長につながるデジタル化方針と言えるでしょう。

デジタル化に向けて社内のベクトルを揃える

この「お客さま視点から見て自社がデジタル化した姿」をイメージすることは、これから一丸となってデジタル化に取り組む社員にも影響を与えるはずです。不思議なもので、変革後の会社の姿をイメージできると、会社のなかの空気が大きく変わります。

私の体験でも、E社で「すべての顧客接点を迅速化する」という方針の下にさまざまなデジタル化を推進した結果、お客さまから感謝の言葉とともに「驚き」や「信じられない迅速性だ」という感想をいただきました。

そして、このようなお客さまから見た〝変革した会社の姿〟が伝わることで、社内の雰囲気はガラッと変わりました。「迅速性を阻害することはしない」が皆のコンセンサスとなり、「迅速性を高める施策は常に最優先される」ことが共通認識になりました。それにより、あらゆる改革や改善策について、企画から実施までの流れが非常にスムーズになったのをよく覚えています。

変革された会社の姿を客観的にイメージできたことによって、社員のベクトルが同じ方向に向いたのです。

デジタル化の方針を実現した会社の姿をイメージしておくことは、ＩＴベンダーとの意思疎通にも効果を発揮します。

さまざまな業種のデジタル化を支援している百戦錬磨のＩＴベンダーも、その業界のことは知識として把握しているだけで、実務に精通しているわけではありません。そのような相手に、会社のデジタル化方針を的確に伝えるのは簡単ではありません。

このとき、お客さま視点から見た「デジタル化で変革した会社の姿」は、ＩＴベンダーにとっても、最適なソフトウェアを提案するための大きな手がかりになります。

④ デジタル技術の活用を前提としたデジタル化方針

デジタル化によって実現できる方針とは

デジタル化方針を策定する際に、ぜひ注意していただきたいポイントがあります。それは、**デジタル化することで初めて実現できるデジタル化方針とすること**です。

何やら禅問答のようにも聞こえますが、デジタル化方針を立てる上で、これは非常に重要なポイントです。具体的には、

- **人手で実現しようとするとむずかしいが、デジタル技術を使えば実現できる**
- **目標値やそれに関連する効果をデジタル化することによって数字で把握でき、さまざまなアクションを通じてその数字を改善する活動ができる**

ことをデジタル化方針とします。

特に後者は重要なポイントです。どんな改革や改善も、1つの対策だけで目標を達成するのは不可能です。絶え間なくアクションを取り続けることによってのみ目標に近づくことができます。それには目標までの現在地を数字で把握して、定期的に見直せるようにしておく必要があります。

たとえば「生産性の向上を目指す」と方針を定めても、その生産性がどのようなものなのかが漠然としていては、アクションの取りようがありません。最悪の場合、その場しのぎの議論が繰り返され、遅かれ早かれ目標そのものが忘れ去られてしまいます。

しかし、生産性の目安を「製品1つを製造するための作業時間」と定めておけば、それを常に数字で把握し、継続して改善活動を展開することができます。

A社の場合は、「即答率を高めること」を方針としました。

A社は、それまで即答率を課題として意識していませんでしたし、当然、測定したこともありませんでした。しかし、即答できたかどうかについては、「できた・できなかった」の二択で表すことができます。お客さまからの問い合わせを受けた担当者が、その直後に2つの選択肢のなかからクリック1回でカウントするような簡単なソフトウェアがあれば、手間なく測定し、集計することが可能です。

継続的に測定できる数字を徐々に高めてゆく、という改善活動もできそうなので、この方針は自社に最適だと判断できました。

なお、「数種類のデータを月に1回測定して、それを表計算ソフトに入力して移動平均を出して……」というような指標をベースとした方針は避けるべきです。すでに申し上げたとおり、表計算ソフトに頼った定例業務は、それをオペレーションする人のアナログ仕事に他なりませんので、デジタル化のレベル向上を目指す企業がやることではないのです。

数字を把握するのに手間がかかるなら、それも含めてITベンダーにソフトウェア化を依頼しましょう。

また、今までは測定できなかったデータを目標値にして方針を作る場合は、そのデータを最新のデジタル技術を使って把握できないか、社内の現場担当者に確認してからITベンダーに相談するとよいでしょう。現場の社員であれば、「こうすれば把握できるはずだ」という腹案を持っている可能性が極めて高いからです。

ネタはメンバーとのディスカッションのなかに

デジタル技術になじみのない社長が、「自分にデジタル化方針作りができるだろうか」と、不安を感じるのは無理もありません。

しかし心配は無用です。プロジェクト活動を通じて深い検討を繰り返してきているので、骨太の方針のネタは、必ず過去の議論のなかに存在しています。

1人ではピンとくる方針を思いつかないようであれば、プロジェクトメンバーを見渡してください。必ず助言してくれる人を発見できます。

このプロジェクトを立ち上げるまでは、社長の持っている課題や考え方をあまり理解できていない人たちだったかもしれませんが、ステップ❶、❷を通じて、メンバー全員が今や社長と同じ目線、同じベクトルで会社のデジタル化を考えるようになっているはずです。彼らなら、きっと社長の思いを理解して、方針案のヒントを示唆してくれるはずです。

もし、議論のかみ合う助言者が見当たらなければ、プロジェクトチーム全体で方針策定についてディスカッションしてみてください。「このデータはこうやって取れるはず」とか、「この作業はここが自動化できればお客さまにメリットが出るはず」といった議論がきっとできます。

仮に、そのような議論ができそうにない雰囲気であるならば、おそらくそれは、ステップ❶でオープンな話し合いができていなかったことの証しです。遠回りにはなりますが、もう一度ステップ❶に立ち返ってプロジェクトを再スタートすることをお勧めします。

A社の場合は、幸い営業担当者全員が毎日、営業日報を記録していました。営業担当のプロジェクトメンバーの話では、新システムの見積り・受注登録機能画面に即答できたかどうかを入力する欄を追加できれば、そのデータを集計し、即答率を自動計算することができるだろうということでした。そのため、社長もすぐに即答率を目標値に決めることができました。

ステップ❶、❷を通じて、プロジェクトチームは何回も大きな壁を乗り越えています。デジタル化は1人のカリスマが引っ張るケースもありますが、多くの中小企業の場合、チームで方針や施策を考えて実行するやり方が適しています。

チームメンバーとの議論をうまく使って、デジタル化方針を練り上げてください。

⑤ 〝社内の常識〟は通用しない！「社内用語」はＮＧ

「言葉の誤解」に潜むリスク

ステップ❸で作成するデジタル化方針は、これから具体的な対策を立案してゆく際のベースとなるものです。そこで、この時点で絶対に気をつけていただきたいことがあります。それは**社内用語の存在**です。

ステップ❶から❹で作る資料は、後にＩＴベンダーへの説明資料となります。ＩＴベンダーはさまざまな業種・業界でシステム化の経験を持っているので、デジタル化の「専門家」「頼りがいのある存在」に思えます。しかし、一部の例外を除き、彼ら彼女らはＩＴの専門家であって業界の専門家ではないのです。

実際にその業界でビジネスの現場に立ったこともなければ、経営者や管理監督者として事業組織を率いたこともありません。業界や社内では〝常識〟として通用することが、彼ら彼女らにとっても常識とは限らないのです。

そこをきちんと理解して進めないと、必ず問題にぶつかります。それは、**言葉の解釈の違いによる大きな誤解の発生**です。

実例を紹介しましょう。

ある会社では、部品在庫の管理が煩雑で問題になっていました。彼らは社内でそれを単純に「在庫」という単語で表現するのが社内常識でした。この会社は、扱うモノの一部に軽作業を加えた後に出荷していましたので、厳密には「製造会社」です。ところが作業が非常に軽いものだったため、社内的には自分たちが製造工程を持っているとは認識していませんでした。

それが故に、ＩＴベンダーに対して製造の仕事をしていることを伝えず、「在庫管理システムを提案して欲しい」という趣旨の依頼をしました。

ＩＴベンダーはその会社が部品を加工しているとは思っていませんので、当然在庫管理機能主体のシステムを提案しました。ところが、製品在庫と部品在庫は識別して管理しなければなりませんので、当たり前ですが、システムと業務が適合しません。

両者とも当初から「在庫」という単語でしか機能を語らなかったため、なかなかその相違に気がつかなかったのですが、2回ほど打ち合わせをした後にようやくお互いが使っている単語の意味が異なっていることに気がつきました。

結果的には事なきを得ましたが、それに気がつくまでの時間と、会議にかける労力を無駄にしてしまったわけです。

社内では「当たり前」すぎて説明が漏れるリスク

このような「言葉の解釈の違いによる誤解」は、至るところで発生します。

たとえば、電線を100メートル巻きのリールで買ってきて、それを使って製品を作る会社の場合、100メートル巻き1リールで何個の製品が作れるかは、製品の設計仕様によって異なります。設計部品表には「1リール」ではなく「1メートル」といった違う単位での書き方がされているため、「巻」と「メートル」という2つの単位で在庫を管理しなければならず、ソフトウェアにはその単位換算機能が必要となります。同様に、材料のなかに液体がある場合、「ビン」と「リットル」の変換が必要です。さらに塗料などの場合は、消費期限の管理も必要かもしれません。

これらは社内では常識ですが、それをITベンダーに伝え忘れると、ソフトウェアの設計段階やテスト段階で機能不足が判明し、大きな手戻り[*24]になり得ます。

＊24　手戻りとは　作業工程の途中で大きな問題が発見され、すでに済んだ工程に戻って作業をやり直すこと。二度手間となり、多くの時間と費用を無駄にしてしまう

また、法人顧客管理システムの場合、顧客が大企業のときにはグループ制を採用していることがあります。グループ企業群と個別の会社の両方を管理しなければならないビジネスの場合は、顧客データベースの構造が違ってきます。「この会社からきた注文の請求書は、グループの親会社の資材部門宛に送らなければならない」といった条件がつくケースがあるからです。

これをＩＴベンダーに伝えないままシステムを導入してしまうと面倒な作業を事務部門が担うことになり、「こんなはずではなかった」という事態を招きます。

「社内用語」の辞書を作る

デジタル化の方針を明文化する際は、**社内で当たり前のように使っている言葉の解釈が、ＩＴベンダーには伝わらないリスク**を常に気にしつつ、方針や課題の説明ができるように準備しなければなりません。

次章ではＩＴベンダーの選定について解説しますが、その際に言葉の定義漏れによる誤解が起こるのを防ぐために、プロジェクト活動のなるべく早い段階から、**辞書を作成する作業が必要です。**

⑥デジタル化方針に基づく「基礎要求事項」作り

分類整理した課題グループへの対策を検討する

さて、改革の主戦場にしたがってデジタル化方針を策定したら、次にそれをＩＴベンダーに説明する資料を作ります。この資料の骨格は、ステップ❷で作った「業務プロセス管理図」と「改革の主戦場検討管理表」です。

ここまでのステップでは、課題を列挙して分類整理をしただけで、対策の検討をしていません。これからその作業に着手するわけですが、そのやり方には注意点があります。それは、

①１つひとつの個別の課題に対してではなく、課題グループに対する対策を考える

②デジタル化方針に沿うことを第一優先に考える

③「顧客接点改革によるカスタマーサクセス」を意識する

この3つを守りつつ、メンバー全員で話し合いながら対策を決めてゆくことです。

①は個別の課題に対して対策を検討するほうが手っ取り早いように感じますが、それでは個別改善レベルの施策にとどまってしまい、改革レベルには至りません。また、個別最適の対策は全体最適の対策とは限りませんし、それでは得られる効果も限定的となり、経営視点では充分な成果を生まない可能性が高まります。

もちろん、個別の課題についても対策が必要な場合がありますが、まず最初に課題グループに対する対応を検討する、という順番が大切なのです。個別の課題への対策は、課題グループへの対策が定まってから検討します。

この段階でも、ステップ❶、❷をともにやり抜いてきたプロジェクトチームなら、一枚岩となって作業に取りかかれるはずです。方針も定まっていますし、それぞれの課題の影響度もチームのなかではすでにコンセンサスが得られていますので、議論はスムーズに進むはずです。

パッケージソフトウェアの機能一覧を参考書代わりに

さらに、基礎要求事項作りにおけるもう1つのポイントは、**具体的なデジタル化機能を想定しながら検討する**ことです。

ＩＴ知識に乏しいメンバーばかりの場合、「どうやってデジタル化の機能を想定すればいいのか？」という問題が生じますが、そんなときは関係しそうなパッケージソフトウェアの機能一覧を取り寄せて参考にすることをお勧めします。たいていのパッケージソフトウェアは販売元のホームページで機能一覧をダウンロードできますので、それをそのまま使うとよいでしょう。

ただしこの時点では、あくまでも参考書として機能一覧を利用することがポイントです。機能一覧を見て、そのパッケージソフトウェアが気にいってしまい一気に導入しようとするのは失敗の元です。客観的に利用するだけにとどめましょう。

ＩＴベンダーから説明を受ける際の注意点

どうしても機能一覧だけではピンとこない・わからないと感じる場合は、ＩＴベンダーに機能説明会を開いてもらう方法もあります。ただし、まだ自分たちが必要な機能を説明できる準備が完了していませんので、あくまでもＩＴベンダーからの説明を聞くことに徹します。ＩＴベンダーには、事前に「後日、要求をまとめて出すので、具体的な提案はそれまで待って欲しい」と伝えておくとよいでしょう。

ＩＴベンダー側も拙速に商談を進めると破談するリスクがありますので、この進め方への抵抗はないはずです。

もっとも、説明会の依頼をした以上、当然、営業レベルでのコンタクトはそこからスタートします。5社も10社も声をかけることは避けるべきで、多くても4社程度をメドにします。

1社から説明を聞けば、ある程度その分野のソフトウェアが持つ機能を理解できるはずです。それを元にして課題への対策を考え、もう少し情報が必要であれば追加で1社か2社に声をかける、という進め方がお勧めです。

A社が必要とするデジタル化機能

さて、A社の要求するデジタル化機能はどのようなものだったでしょうか。要求機能数が数十にもなりましたので、全部を説明することはできませんが、主な項目を抜粋したのが左の**リスト**です。

なお、本来は「改革の主戦場検討管理表」のなかで、課題グループに対応した形式で要求機能を書くのが基本です。左のリストは、その一部を抜き出したものです。

A社の「即答率を上げる」というデジタル化方針を推進してゆくためには、受注から

■A社の基礎要求事項(一部を抜粋)

□前提となるソフトウェアカテゴリー
受注生産方式に適合する販売・生産管理システム
□要求機能
(ア) 主要機能1
正式受注前に仮受注を登録でき、選択した部品のみを発注できること
(イ) 主要機能2
仮受注を登録した直後から出荷までの細かな状況を、権限を持った人が閲覧できること
(ウ) 主要機能3
仮受注を登録した際に生産計画を仮で定めることができること
(エ) 主要機能4
仮受注・本受注の画面で、部品発注や納期の情報、生産計画の情報など、納期に関わる情報をまとめて閲覧できること

(以下省略)

生産・出荷までのあらゆる状況をリアルタイムで把握できなければなりません。それらのデータを管理するためには(ア)から(ウ)が必要です。それを(エ)で把握できるようにしたい、という要求となるのは自然な流れです。

ここで大事なのは、**機能を細かく定義しすぎないことです。**

それぞれのITベンダーやパッケージソフトウェアごとに細かい機能や特徴はさまざまです。こ

の段階で機能を細かく決めすぎると、ＩＴベンダーからの提案の幅を狭めてしまう可能性があります。また、デジタル化方針を実現するために、画期的な提案をしてくれる可能性の芽を摘むことにもなりかねません。

この段階では、あくまでも自社が要求するデジタル化機能を決定することに徹します。言葉の解釈の違いによる誤解が生じないように注意を払いつつ、ＩＴベンダーに、自社が必要とするデジタル化機能を理解してもらえる「デジタル化方針」を作ることが重要です。

第6章

デジタル化ステップ❹

効果目論見とベンダー選定戦略

Process Digitalization

①ステップ❹で進めること

デジタル化投資のモノサシとなる「効果目論見」

いよいよ最後のステップです。残るは投資効果の目論見作りと提案依頼書（ＲＦＰ）本体の仕上げです。

ここまでのステップで、プロジェクトチームは以下の３つを作り上げました。

・デジタル化方針
・改革の主戦場検討管理表（デジタル化機能要求を含む）
・現在の業務プロセス管理図

誤解を恐れずに言えば、これらの情報があればＩＴベンダーに提案を依頼することは可能です。

しかし、本書の冒頭で述べたとおり、デジタル化で見込む「効果目標」が曖昧なままだと、結局、社長はデジタル化効果の果実を実感することができません。決して安くはないデジタル化投資の可否を判断することもむずかしくなります。

そこで、ステップ❹では**計測できる効果の目論見**を明文化します。「改革の主戦場」の課題は、経営課題と密接に紐づいていますから、対策を打つことによる効果を目論むこと（効果目論見）もできるはずです。

もし、この効果目論見が皆目見当がつかない状態だとしたら、それはステップ❸までの検討作業が表面的なものに終わっていることを示します。素直にステップ❷に戻り、デジタル化4象限のBゾーンの表面に浮上する施策を明確化するために、可視化した業務プロセスを見直してください。

デジタル化による「会社の成長軌道」が目に浮かぶか

Bゾーンに浮上する施策が伴っていれば、業務効率化だけを目的としたデジタル化では決して到達できない「目論見」が立ちます。言い換えると、この段階で社長を含めたプロジェクトメンバー全員が、デジタル化による会社の成長軌道を垣間見ることができるはずです。

さらに、効果目論見を定義することができたら、ステップ❹の後半に非常に重要な作業が残っています。それが**RFPの仕上げとベンダー選定戦略の立案**です。

ＲＦＰの書き方には一定の〝作法〟がありますので、それを本章の後半で説明していきます。

また、ＲＦＰができあがった後は、それをＩＴベンダーに渡して提案を受ける段階に進みますが、どのようにＩＴベンダーを探せばよいのか戸惑ってしまうケースがありますので、そのヒントも解説します。

②「金食い虫のデジタル化」を防ぐ効果目論見の設定

社長が効果を実感できないデジタル化は「金食い虫投資」

本書の冒頭で、「デジタル化に関する社長のモヤモヤの原因は、その効果を確認できないことにある」と申し上げました。せっかく良いソフトウェアを導入しても、社長がその効果を体感できなかったり、把握できなかったりすると、このようなモヤモヤ状態に陥ります。

また、「社内作業が○%合理化できます」という触れ込みでソフトウェアを導入しても、それを計測する手段がなければ、やはりデジタル化の効果を実感することはできません。

何度も申し上げますが、デジタル化の効果は顧客接点改革につながり、デジタル化の4象限のBゾーン表面に浮上するものでなければなりません。**そしてその効果は、測定できなければならない**のです。

A社の場合はどのような効果目標を設定したでしょうか。

ステップ❸で、社長は「デジタル化方針」を、

「納期の問い合わせや日程変更依頼があった場合に、即答できるようにする」

「その即答率を常に計測し、改善を目指す」

と定めました。

「即答率」は、電話やメールなどでお客さまからお問い合わせがあった件数を分母とし、電話であればその電話を切ることなく回答できた数、メールの場合にはお問い合わせメールの受信から間をおくことなく回答できた数を分子にして算出することにしました。単純な四則演算で指標を算出できるので、楽に管理できます。

即答率が向上すれば、お客さまの利便性は明らかに向上します。デジタル化4象限のBゾーン、つまり**お客さまに効果を及ぼし、かつ、自社の売上拡大につながる**ことは明白です。

これが、仮に「社内業務の効率化」を目的としていたら、おそらく「1人あたりの作業効率」とか「残業時間の短縮」といった目的・目標を設定することになったでしょう。

しかし、「効率」というのは多分に感覚的なもので、具体的・客観的に測れるものではないのです。

「残業時間」についても、たとえ社員の残業時間が短くなったとしても、それがデジタル化の効果かどうかを判別する方法はなかなかありません。

こうなってしまうと、どんなに最先端のデジタル化が実現できたとしても、社長がその効果を肌感覚で実感することはないでしょう。

投資予算が限られる中小企業の場合、社長が効果を実感できない投資は、「金食い虫投資」と断じても過言ではありません。

Dゾーン施策でBゾーンに浮上

A社では、ステップ❸で定めた「デジタル化方針」を実現するために、「正式受注前に仮受注を登録でき、選択した部品のみを発注できる機能」や「仮受注で生産計画を仮決定できる機能」といった、従来は手作業で行っていた作業をデジタル化の主要機能としました（177ページ表参照）。

これらはすべて「即答率」を上げるためのものですが、それによって、作業の合理化・効率化も実現できます。つまり、デジタル化4象限のDゾーン（効率化エリア）をも同時に実現できているのです。

もし、A社が「業務の効率化」を目的にデジタル化を検討していたら、「即答率」を効果目標にすることもなく、顧客接点改革によるカスタマーサクセスの実現（会社の成長）を目指すこともなかったでしょう。

遠回りで面倒なように思えても、❶から❸のステップを順序よく踏んでデジタル化方針を策定することで、効率化を実現しつつBゾーンの表面に浮上させることができたのです。

③ 測定可能なデジタル化効果目標値の設定

目標値を設定してPDCAを回す

さて、金食い虫にならない投資を実現するもう1つのポイントが**目標値の設定**です。

前節でも述べたように、「社内業務の効率化」を目的にデジタル化を進めると、その効果を把握できずに終わってしまいます。しかし、たとえBゾーンに浮上するデジタル化方針を作り、そのための機能を考えたとしても、やはり効果が把握できなくては意味がありません。

A社における「即答率」も、目安となる数字が把握できなくては改善度合いが測れず、おそらくはかけ声だけで終わる社長方針になってしまったでしょう。

また、その目標値は、ソフトウェアを導入しただけで100パーセント達成できるほど甘くはありません。さまざまな施策を繰り返し実行し、効果を検証しながら徐々に改善してゆくものです。

そこには人の教育や業務プロセスの見直しも必要でしょうし、ソフトウェアのさらなる工夫も必要なはずです。たとえば、製品納期を確認するとき、画面を開いた後に何かしら操作が必要であれば、その操作をしなくても納期が確認できるように改良する、といった具合です。

目標値は自動計測で把握

このように改善プロセスを回し続けるには、何らかのアクションを取ることによって数字がどう動いたのかを知ることが必要です。それには、目安とする数字は**できるだけリアルタイムに近い形で把握できる**ようにしなければいけません。

たとえば、X、Y、Zという3種類の数字を社員が定期的に手動で集計し、それらを演算して求めるようなやり方では、リアルタイムに把握することがむずかしいため、改善活動の頻度も減ってしまいます。おそらくは次第に集計作業が滞り、社長が不在のときにはその数字を計算・報告することもなくなっていくでしょう。

そうならないために、導入するソフトウェアには、

目標値を自動計測し、社長や社員が目にする画面に自動表示する

といった機能が必須になります。

A社の場合の「即答率」は、商談や見積り・受注を登録する画面に、次のような自動計測機能を設けることで把握できるようにしました。

A社がつけた「即答率」を自動計測する機能

- 商談履歴管理機能の画面に、「納期問い合わせ・調整」の管理項目を追加
- 「即答できた」「その場で納期調整できた」のチェックボックスを新設し、商談対応の都度実績を登録する
- 毎日の夜間自動処理でデータを抽出して「即答率」を自動計算し、翌朝には実績管理画面で表示できるようにする

数字を把握するために、社員に負担がかかるようでは本末転倒です。そのうち集計するのが面倒になって、正確な数字を把握できなくなる危険性が高まるだけです。

計測できる目標値を設定することは、ＩＴベンダーに良い提案をしてもらうのにも有

効です。デジタル化の肝がその数字の改善にあると理解できれば、ソフトウェアの機能を細かく設計するあらゆる場面で、正確かつリアルタイムにその数字を把握できる機能を考えた提案をしてくれるはずです。他社での良い事例も教えてくれるかもしれません。

また、その数字を改善するための提案も引き出しやすくなります。

目標値は「お客さま視点」で設定する

このように、測定可能な目標値を設定することは、企業のデジタル化成功には欠かせません。逆にこの目標値の設定を間違えてしまうと、その企業のデジタル化は社長が効果を実感できない、金食い虫投資に終わってしまう可能性が高まります。

では、社長がデジタル化の効果を実感できる、測定可能で的確な目標値を設定するにはどうすればよいでしょうか。

ヒントは、「お客さまから褒められたこと、叱られたこと」のなかにあります。褒められたことは伸ばす、叱られたことは再発防止する、という観点に立って検討すれば、必ず管理するべき目標値が出てくるはずです。

特に、今までの業務の流し方では把握がむずかしかったが、**デジタル化することによって計測できるようになる数字**を目標値とするとよいでしょう。

6

④ 〝身の丈投資〟を繰り返すステップ化法

高すぎる理想は過大な投資を招く

ところで、ステップ❸で作成した基礎要求事項は、優先順位こそ定めているものの「欲しい機能を全部記述している」状態のはずです。これらすべてが効果が上がる素性のよい機能なら問題ないのですが、実際には、先を読みすぎた過大な要求が含まれていることが多いものです。これを登山にたとえると、こんな具合になります。

- 山の頂上に登ることにした
- 山の手前には川があり、川の先には湖がある
- これらを一気に制覇して山に登る行程を選んだ

この場合、まず、川を渡る手段（機能）が必要ですし、その先にある湖を越える手段

（機能）も必要となります。その上で、一気に山に登るためには体力と装備が、つまり大きな投資が必要です。

また、川を渡った先には想定外の深い崖があるかもしれません。意気揚々と長い行程に乗り出したものの、途中で思わぬ挫折を味わうリスクもあります。

デジタル化にも同じことが言えます。デジタル化レベル①の企業が一気に理想を目指そうとすると、必要とする機能が多すぎて、投資規模が大きくなってしまいがちです。

一部機能の運用失敗が全体の機能不全につながる

しかも、いきなり多くの機能を作ることには、投資を無駄にするリスクがあります。

次ページの図を見てください。これは、新しくシステムを導入する際の機能の構造イメージです。

この図では、現在の業務またはそれと同等の業務を支える機能として、ベース機能と機能A1、B1、C1を計画し、その上に各機能3までを一気に開発して改革案全体を実現しようとしていることがわかります。

A2、B2、C2は、それぞれA1、B1、C1の存在が前提になっています。全機能が完成して運用しようとしたとき、もしB2で機能の検討ミスが発覚したらどうなる

■新システムの機能の構造イメージ

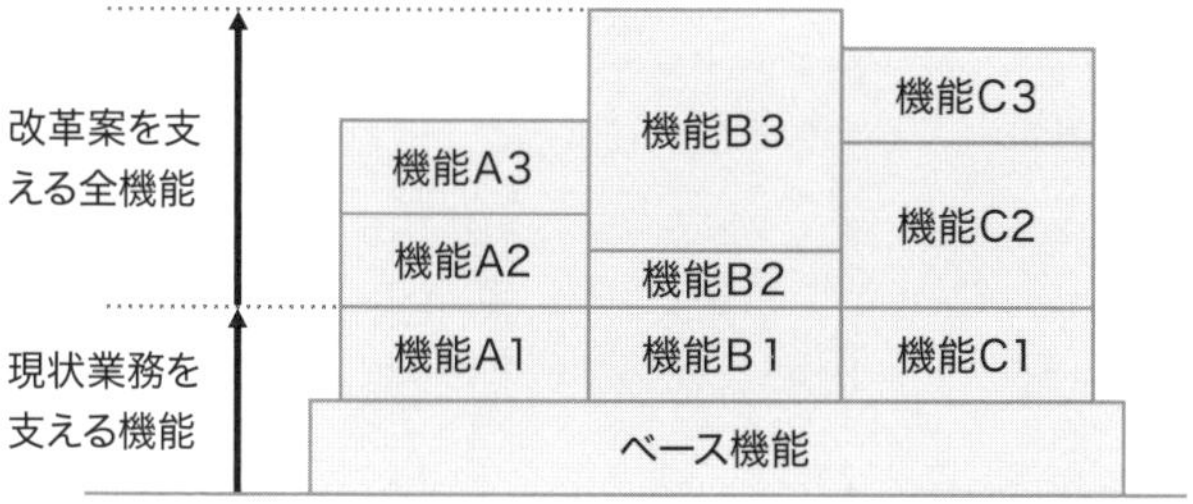

（改革案を支える機能を全部一度に実現した場合）

機能B2で設計ミス発生

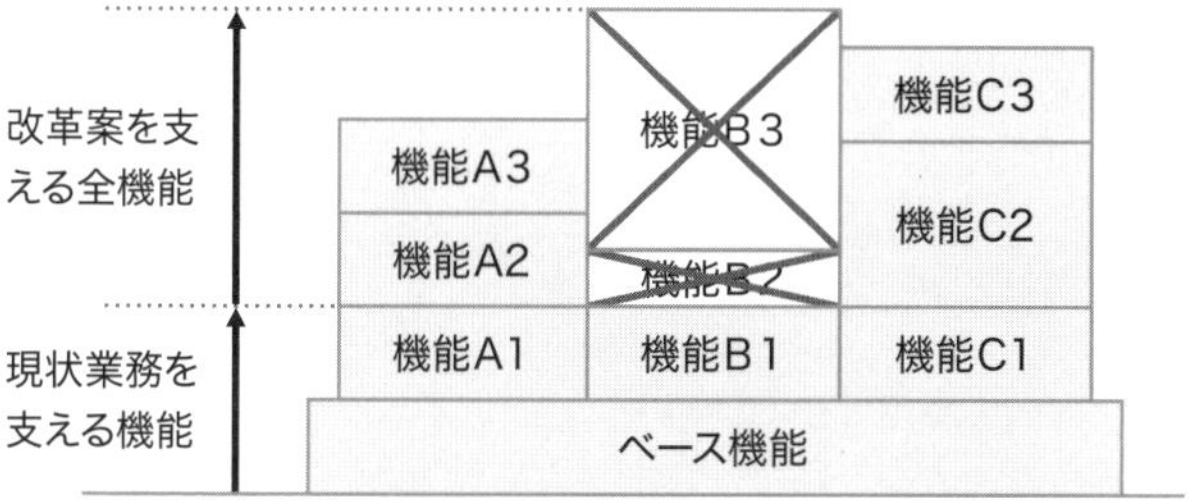

※機能B2が運用不能だった場合、機能B2の存在が前提で作られた機能B3も共倒れ
➡投資の失敗に発展する

でしょうか？

当然のことですが、B2の存在が前提となっているB3の機能も共倒れになります（下の図）。B2だけでなく、B3の機能開発に費やした時間とお金もすべて無駄になり、大きな投資ロスが発生してしまいます。

一般的に、機能群ごとに、機能が相互依存することはよくあることです。しかも、相互依存関係が多くて強いほど、全体的な整合性が要求されるソフトウェアと言えます。

したがって、機能の一部をうまく運用できない事態が発生すると、機能群全体に影響が及んでしまい、最悪の場合はデジタル化投資の失敗に至ります。

こうした失敗を避けるには、一気に改革案全体の実現を目指すのではなく、

最低限の機能から始めて、運用を確認し、一定の効果を得てから次の機能を作る

といった具合に、積み木を重ねるようにしていくのがポイントです。

ステップ・バイ・ステップで**身の丈にあった投資を繰り返すステップ化法**こそが、投資金額を抑制し、大きな失敗も防止する秘策です。

⑤ RFP（提案依頼書）のまとめ方

「客観的」かつ「熱意を込めて」書く

さて、いよいよRFPの仕上げに入ります。重要な部分の内容はほぼできあがっているので、後は定型的に書く作業です。

ご参考までに、当社でお勧めしているRFPの目次と主なポイントを198ページにご紹介します。

RFPで最も重要なのは「2．提案依頼事項」中の「2．2業務の詳細とシステム化で解決したい課題」の内容（改革の主戦場検討管理表）です。客観的な目で見て、第三者が読んで理解できることを確認してください。

また、RFPを書くときには、次のことを意識してください。

●社長の想い、プロジェクトメンバーの想いや期待を表現する

●単語には必ず辞書をつけ、用語の解釈の違いによる誤解がないように工夫する
●決定していない事項は、その旨を示し工夫を求める

そして、ＩＴベンダーに渡した後で修正があった場合は、修正箇所と履歴を示して内容を更新したものを再度渡します。

大切なパートナーを選ぶための資料ですから、客観的な記述ばかりでなく、ぜひＩＴベンダーにも伝わるように、熱意を込めて書き上げてください。

完成したＡ社のＲＦＰは、50ページほどのボリュームでした。冒頭の「はじめに」は社長ご本人に書いていただきましたが、社長は、

「これを書いていて、自分でも感動してしまいました。プロジェクトメンバーたちはもはや私の右腕のような存在ですし、当社をデジタル化してどんな姿にしてゆくべきなのか、私とまったく同じ考えを持ち、さまざまな建設的提案をしてくれるようになりました。もう今までのように１人で思い悩むこともなくなりました。ここに書いた姿を早く見たいものです」

という感想を漏らされました。

ITベンダー選びはパートナー選び

繰り返しになりますが、ITベンダーは単なる業者ではなく、自社の成長をともに支える良きパートナーでなければなりません。パートナー選びは社長の重要な責務です。

RFPでは、自社の向かおうとしている方向性を経営の立場からしっかり説明する必要があります。単なる機能要求書ではありません。これが実現した際には、自社はどのような姿になっているのか、ステップ❸で思い描いた未来像を理解・共感してもらえるように説明する必要があります。

通常の物品を購入する際には、要求仕様書を機械的に記述するだけで充分ですが、デジタル化のパートナー選びはそのような性格のものではありません。短くても数年、長ければ5年、10年とつき合ってゆく企業や人たちを選ぶためのものです。自社の成長を支える仲間になってくれるよう、熱い想いを込めてRFPを仕上げてください。

読み手が意気込みを感じるようなRFPであれば、ITベンダーもそれだけ真剣な提案や見積りを出してくれるはずです。

＊本内容は、必要とするデジタル化の内容やその効果目論見に応じて大きく変わります

2．8　推進体制

　　ITベンダー側の人名の書かれたプロジェクト組織図を要求

2．9　推進方法に関する要求

　　プロジェクト活動に関する制約条件や要望を記載

2．10　教育訓練に関する要求

　　導入・立ち上げ時の操作教育が必要な場合に要望事項を記載

2．11　保守契約に関する要求

　　保守作業での要求を記載

3．提案手続きについて

3．1　提案のスケジュールと進め方

　　ITベンダー決定までのプロセスを記載

3．2　RFPに関する問い合わせ窓口

　　自社側窓口とコンタクト方法を記載

4．その他要求事項

その他要求があれば記載

5．選定方法について

価格重視なのか要求への充足度重視なのか？　進め方の自社への適合度なのか？　等、明らかにできる範囲で重視することを記載

6．開発に関する条件

6．1　開発期間

6．2　作業場所

6．3　開発用環境や通信費・借用費の負担

7．契約事項

7．1　発注形態

　　契約形態（委託・準委任等）の想定

7．2　検収

　　自社での受入評価にどの程度の時間が必要か？　また、その期間内に要求するべき対応を記載

7．3　支払い条件

7．4　契約不適合責任期間

8．補足事項

9．添付資料

作成した業務プロセス管理図を添付し、RFPを渡す際に説明する

■RFP（提案依頼書）の主な項目とポイント

0. はじめに

　社長の言葉でデジタル化の狙いや背景を記載

1. 概要

1．1　事業概要

　主なビジネスと顧客層、従業員数、売上等

1．2　デジタル化方針・RFPの背景

　ステップ❸の成果をまとめて記載。特に顧客接点改革やカスタマーサクセスに関連づけて解説する

1．3　システム化の期待・効果目論見

　ステップ❹の成果をまとめて記載

1．4　現行システムの機能や状況

　現在保有しているシステムがある場合、今回のRFPで求めている機能との関係（代替え、新機能追加など）をシステム構成図で解説する

1．5　新システムの利用者と人数

　人数によって利用料が変化するケースがあるので、多めではなく正確に記載すること

1．6　予算概要

　予算規模の制限を記載がある場合記載するが、この時点では、あまり厳密な金額を定めるべきではない。

2. 提案依頼事項

2．1　提案の範囲（新システムがカバーする業務範囲）

　改革の主戦場検討管理表のなかでとりまとめた「カテゴリー」とその概要を記載

2．2　業務の詳細とシステム化で解決したい課題

　改革の主戦場検討管理表（必ず優先順位を記載しておくこと）

2．3　システム構成に対する要求

　社内ネットワークの制約などがある場合に記載

2．4　性能・セキュリティに対する要求

　反応速度、想定する負荷（同時使用人数や業務が集中する繁忙期の有無など）、機微な情報を扱うソフトウェアであれば、その機密保持性能に関するポリシーなどの説明

2．5　運用に関する要求

　バックアップや障害発生時の復旧に関する要求

　問い合わせへの対応に関する要望を記載

2．6　納期とプロジェクト推進に関する要求

　希望完成納期の指定

　プロジェクト活動の計画概要を要求

2．7　納品条件

　納品物の指定が必要な場合に記載

6

⑥ プロジェクトメンバーの成長を確認する

デジタル化方針を第三者に向けて説明させる

　ＲＦＰ（提案依頼書）の主要な構成要素である情報（デジタル化方針・改革の主戦場検討管理表〈対策案付き〉・現在の業務プロセス管理図）が揃ったところで、社長に絶対に実行していただきたいことがあります。それは、

プロジェクトメンバーは、ＲＦＰを社長に代わって説明できるか

を確認することです。

　これから先、デジタル化の実務は社長だけでなく、彼らが主体となって進めてゆくことになります。また、プロジェクトメンバーは、会社にとって強力な改革チームになるべき存在です。

これまでの検討作業を社長とともに進めてきたメンバーは、すでに社長と同じベクトルで会社の未来を見据えているはずですが、この段階で、社長はそれを確認しておく必要があります。

加えて、この後にはRFPをITベンダーに説明するフェーズが控えています。複数のITベンダーのなかから最適なパートナーを選ぶのはもちろん社長の責任ですが、かといってすべてのベンダーへの説明や、その後に続くやり取りを社長1人で行うことはできません。かなりの部分について、プロジェクトメンバーに責任と権限を委譲して事に当たってもらう必要があります。

それには、彼らが社長と同じ言葉・同じ熱意で、RFPをきちんと説明できるか、確認しておく必要があるわけです。

その具体的な方法は次のとおりです。

- デジタル化方針が実現できた際の会社の姿をメンバー自身の言葉で説明させる
- 「改革の主戦場検討管理表」で明確化した課題とその対応を要約させる
- ITベンダーからの想定質問集を作り、回答例を作成させる
- 想定問答集を社長をはじめとするプロジェクトメンバー全員で共有し、確認する

ベクトルが少しでもずれていると、しばしば「改革の主戦場検討管理表」の説明のなかで、優先順位が低いものを主張したりするものです。または、そもそも書いていないことを言い出すこともあります。このような場合、策定した方針が腹に落ちていない可能性があります。

ここまで確認して完璧と判断できれば、安心してＩＴベンダーとの交渉を任せることができるはずです。

そして、いったん任せたからには我慢強く見守るのも社長の仕事です。最初のうちは心許なく思えるところもあると思いますが、この段階で、次章で解説するＩＴベンダーとの微妙なやり取りを社長とともにこなせる社員を育てておくことが肝要です。

仮にほとんどのメンバーが社長の意図と違うことを言うようであれば、ステップ❸の最初に立ち戻って見直したほうがよいでしょう。

全社一丸でデジタル化に取り組む〝空気〟を作る

社長からのトップダウンではなく、プロジェクトチームとして会社の課題をどう捉え、どのように改革してゆこうとしているのかをメンバー1人ひとりが自分の言葉で説明できれば、プロジェクトに参加していない他の社員に対する説得力も違ってきます。

社内には古参の従業員もいますので、そのような人たちをデジタル化の抵抗勢力にしないように、デジタル化方針の社内説明は、基本的にプロジェクトメンバーに任せます。そして、社長はそのサポート役となる、という立ち位置を守ることが、全社一丸となってデジタル化に取り組む空気を作る基本です。

A社の場合、本社工場が1拠点であるのに対し、全国にいくつかの営業拠点が分散していることも影響し、営業職の社員と工場の社員の間には、決して低くはない壁がありました。そのために、営業は受注の処理状況をなかなか把握できず、お互いの業務内容への理解も不足していました。

A社のプロジェクトでは、営業拠点のなかから拠点長を1人選抜してメンバーに入れていましたが、それ以外の社員にもデジタル化方針を説明して意見を聞く必要があります。そこで、プロジェクトメンバーが交代で全国の営業拠点を巡回し、説明して意見を募ることにしました。A社は、この確認作業に半月ほどを費やしました。

各営業拠点の社員にしてみれば、めったに顔を出すことのない本社の社員が、突然、むずかしい書類を持って説明にやってきたことに戸惑いを感じたようです。それでも、説明を聞いた後には「製造の基本的な流れが理解できた」とか、「どうしてこんなに製造リードタイムが必要なのかようやく理解できた」といったポジティブな反応が返ってきました。

それとともに、「デジタル化方針が実現できれば、お客さまへの対応が劇的に改善するのがわかった。ぜひ早期に進めてもらいたい」という、プロジェクトの背中を押す意見も出ました。

また副産物として、営業職の社員らが、製造工程で使われている専門用語がむずかしく、理解するのに苦労していたことがわかりました。さっそく用語辞書を社内用に修正し、工場で働く社員以外にも理解できるよう工夫を凝らしたのは言うまでもありません。

A社はこのようなやり取りを経て、プロジェクトメンバーが社長と同じようにデジタル化方針を説明できるように鍛え、それを確認したのです。

⑦ 失敗しないベンダー選定のコツ

ITベンダーの選定は社長が主導するべし

さて、ＲＦＰ（提案依頼書）が完成したら、いよいよ最後の関門（ＩＴベンダーの選定）が待っています。

これから選ぶＩＴベンダーは、自社の良きパートナーになってもらう存在です。もとよりパートナー選びは社長の重要責務ですから、ＩＴベンダー選定の主役は社長です。

すぐにピンとくる会社に出会えれば幸運ですが、たいていの場合はそう簡単にはいきません。結局、複数の会社に声をかけて、そのなかから一番良いと思われるＩＴベンダーを選ぶことになるでしょう。

ＩＴベンダーの選定は、次の手順で行っていきます。

①提案を依頼するＩＴベンダーを選ぶ

これまでにデジタル化をした経験がない企業の場合、「どの会社に声をかければいいか見当がつかない」のがほとんどでしょう。また、「頭に浮かぶのはテレビで広告を出しているような大手ばかり」という方もいらっしゃると思います。

皮肉なことに、地方の企業のほうがあまり悩まずに候補を選ぶことができます。その理由は、「地元のＩＴベンダーか地元に技術拠点があるＩＴベンダー」を優先的に選べばよいからです。地元の商工会議所や商工会の窓口に問い合わせれば、たいていの場合、何社か紹介してくれるはずです。

むしろ問題は都心にある企業でしょう。候補が多すぎるため、絞り切ることがむずかしくなります。そんなときは、

●「改革の主戦場の属するカテゴリー」のソフトウェアの取り扱いがある
●地元に近いところに技術拠点がある

この２つの要件で探した会社数社に、改革の主戦場の属するカテゴリー関係の製品や開発事例の資料を請求します。自社のニーズを満たす製品や開発事例がないＩＴベンダ

ーは、この時点で候補から外れます。

なお、大手ITベンダーの場合、検索にはヒットしたものの中小企業向けのソフトウェアを取り扱っていないケースもあります。しかし、その大企業がパートナー契約を結んでいる企業が扱っている場合は、その企業を紹介してくれることもあります。

ここまでの作業によって、ざっくりと実現性のある候補だけが残ります。

なお、地元に技術拠点があることにこだわる理由は、**何かあったときにすぐ会えるか**らです。

最近は、遠隔地からウェブ会議などでプロジェクトを進めるITベンダーも増えてきましたが、工場や倉庫などの現場が使うソフトウェアの場合、「現場で話をする」ことが大切です。

もちろん、ウェブ会議を否定するわけではありません。ですが、現場でソフトウェアを使うことになる会社の場合、モノの流し方を含めたかなり込み入った話になることが多いものです。それを考えると、すぐに現場で顔合わせできる近所の会社にお願いするのが得策です。

また、遠隔地から出張できてもらうと、出張旅費の負担を求められるケースもあります。この面からも、フルリモートでの開発が前提になる遠隔地のＩＴベンダーは、なるべく避けたほうが賢明です。

ここまでに残った候補のなかから、実際に提案を依頼するＩＴベンダーを最低２社、多くても４社選びます。

なぜ「多くても４社」なのかと言うと、あまり多くの会社に声をかけてしまうと、プロジェクトメンバーの負担が大きくなりすぎるからです。

メンバーは、提案を依頼するすべてのＩＴベンダーにＲＦＰを説明しなければならず、かつ、その後に大量にくるであろう質問にも対応しなければなりません。これは相当に負担がかかる仕事です。

Ａ社の場合、本社は地方にありました。改革の主戦場のカテゴリーを「生産管理」として探したところ、地元で２社、本社は遠隔地にあるものの地元に営業技術拠点がある会社が１社、合計３社を選ぶことができました。

②ＲＦＰ（提案依頼書）を渡して説明する

提案を依頼するＩＴベンダーに、ＲＦＰを渡して説明します。

このとき、ＲＦＰのなかに機密情報が含まれている場合は、事前に機密保持契約を締結します。その上で、「改革の主戦場検討管理表」を電子ファイルの状態で渡し、ＩＴベンダー側でも編集利用できるようにします。

ＲＦＰは、それぞれのＩＴベンダーごとに、必要に応じて現場を見学してもらいながら説明します。

なお、現場見学の必要がない場合に限りますが、先にＲＦＰの説明を録画したものを渡し、それを見てもらった上で面談してもいいでしょう。同じ説明を何度も繰り返すのは社員の負担になりますので、それを軽減することができます。

また、ＩＴベンダーから提案をもらう際には、電子ファイルで渡した「改革の主戦場検討管理表」に、記載された機能要求ごとに実現の可否や実現方法の概要を追記してもらい、それを共有した上で説明するように依頼しておきます。

③質問事項と回答をＩＴベンダー全社と共有する

ＲＦＰについて説明した後は、ＩＴベンダー側からさまざまな質問が出ます。このとき、**質問内容と回答内容を他の候補とも共有**してください。ＩＴベンダーごとに提供する情報に差が生じないようにするためです。

面談の場で口頭で質問が出て、それに口頭で答えることもあるでしょうから、それらもすべてメモしておき、他の候補に提供します。できれば質問・回答リストを作り、それを都度更新して各ＩＴベンダーに配付するなど、正確な情報を公平に共有できるように工夫します。

④ＩＴベンダーから提案内容の説明を聞く

②の説明から、最低でも数週間程度の期間を設けて、ＩＴベンダー各社に提案内容を作ってもらいます。

ベンダーからの提案は、必ず**直接会って聞く**ようにしてください。１社あたり２～３時間は確保しておきましょう。

その際には、「改革の主戦場検討管理表」に記載された課題への対応方法を重点的に説明するように依頼しておきます。

なお、この説明は、できるだけＩＴベンダーのプロジェクトマネージャーにお願いするべきです。プロジェクトマネージャーは、今後のソフトウェア導入プロジェクトのマネジメントを行いつつ、顧客との窓口も兼務する役どころです。

このプロジェクトマネージャーとのコミュニケーションがスムーズであればあるほど、

そのプロジェクトは順調に進みます。

逆に、プロジェクトマネージャーとの関係がぎくしゃくする場合は、別の人に交代してもらうか、その会社に依頼するのをやめる判断をくだします。

実際にプロジェクトが始まると、その進行具合はプロジェクトマネージャーの性格や経験、能力に強く依存することになるので、提案内容を説明してもらう機会をうまく使って「人」を判断するように心がけてください。

さて、A社の場合は3社から提案を受けました。1社目は、プロジェクトマネージャーの説明が難解で言っていることがほとんど理解できず、社長を含めたプロジェクトメンバー一同、ほとんど質問できずに終わってしまいました。

2社目のプロジェクトマネージャーは、とてもわかりやすく説明をしてくれたのですが、肝心の「改革の主戦場検討管理表」に対しては「このソフトウェアで全部解決できます」というざっくりとした説明しかなく、具体的にどのように解決されるのか、メンバーが納得できる提案はありませんでした。

3社目のプロジェクトマネージャーは、提案内容を説明する前に、まずA社の製造の流れをホワイトボードに書き出し、自分の認識が正しいかを確認してから説明に入りました。ボードに書かれた内容に誤解や間違いはなく、提案書のなかで使っている用語もA社の社内で共有している内容に沿っていたので、メンバー全員の理解度は非常に高く、質疑も活発なものでした。

⑤選定作業

各ITベンダーから一通り提案内容について説明を受け、資料が全部手元に揃った段階で、プロジェクトメンバー全員で評価を行います。客観的な評価ができるように、事前に採点表を作っておくとよいでしょう。

評価は、次の5つの観点から行います。

①「改革の主戦場検討管理表」の各機能要求に対する機能実現率
②見積り予算規模
③導入に至るまでの進め方と、見込まれる社員負担の程度
④同様のプロジェクト経験の有無と会社の安定性
⑤プロジェクトマネージャーとの意思疎通の具合

A社は、過去のソフトウェア導入失敗のときに、うまく機能しない可能性について、事前にプロジェクトマネージャーが説明してくれていれば、という苦い思いがあったので、5つの観点のうち「プロジェクトマネージャーとの意思疎通」を最優先に考えることにしました。

その結果、全員一致で3社目のITベンダーに即決しました。

最後は「社長の直感」で決める

ITベンダーの選定において、プロジェクトマネージャーの人間性の評価とITベンダーの信用については、社長が主導権を握って判断するべきです。なぜなら、提案内容の説明のやり取りを通じて、その人物を見極める必要があるからです。

言わば人材採用面接と同類の〝直感〟と〝経験〟が頼りですので、社内で一番その経験が豊富である社長が最終決定をするべきなのです。

私自身も過去にさまざまな失敗を経験しましたが、今振り返ってみると、失敗プロジェクトのほとんどすべてで、プロジェクトマネージャーとの意思疎通に問題がありました。もちろん、相手は一生懸命にやってくれていましたし、それには感謝しているのですが、如何せん合わない人間とはどこまで行っても合わないもので、きめ細かく話をしたつもりでもどこかに理解漏れや誤解が残ってしまい、結果的に仕様のミスが発生してしまったのです。

デジタル化という非人間的なプロジェクトではあるものの、その成否は人間くさい人と人との関係性の良し悪しで決まってしまうこともある……。じつに皮肉なものです。

第 7 章

ITベンダーを選定して終わりじゃない
社長の役割

Process Digitalization

7

① 開発・導入の基本プロセスと社長の関与法

各プロセスにおける社長の役割

ＩＴベンダーの選定も終え、ベンダーとのプロジェクト開始会議が開催されると、ここからはソフトウェアの開発や導入の実務作業に移ります。

「ようやく私の役割は終わりですね」と言うA社社長に対して、私は「プロジェクトの見守りと、要所要所で都度フォローする役目が残りますよ！」とクギをさしました。

この段階では、まだＩＴベンダー側もA社の事情に通じているとは言えません。まだまだぎくしゃくする可能性が大きく残っているのです。

ＩＴベンダーによって、または、作ったり導入したりするシステムの種類によって開発の進め方はさまざまですが、ここでは代表的な基本プロセスに沿って、社長の果たすべき役割やポイントを明らかにしておきましょう。

①要件定義

RFP（提案依頼書）に記載されている要求に加え、細かくソフトウェアの機能を決めてゆく段階です。主に各現場の業務内容について、ITベンダーによるヒアリングが行われ、細かなものまで含めて機能要求を聞き取りされます。

ステップ❷で作った「業務プロセス管理図」を元に説明すれば、抜けや漏れが生じることなく必要とする機能を正確に伝えられるはずです。

なお、この段階でコミュニケーションに行き違いがあると、以後の段階でそれに気がついた際に手戻りや修正が発生してしまいます。

社長が全部のヒアリングに同席することはできませんので、ITベンダーに議事録を書いてもらい、

- 議論が堂々巡りをしていないか
- 現場が過大な要求を出していないか
- ITベンダーと各部門が誤解のない状態で議論できているか

等について確認します。必要があると判断したときは、遅滞なくアクションを起こすことが肝要です。

また、当初のＲＦＰに対して、この段階でプロジェクトメンバーが要求する機能を増やす可能性が残っています。その場合、当初提案された金額を超える見積書が提示される場合があるので、社長としてはまだ関与を緩めることはできません。

②設計作業

「要件定義」の次は、「設計作業」に入ります。出来合いのパッケージソフトウェアを導入する場合も、要件定義の結果を受けてカスタマイズが必要なときは、その部分の設計作業を行います。

設計作業の段階では、要件定義で明確にし切れなかった部分について、多くの確認作業が発生します。ＩＴベンダーの認識に誤解があるとわかったときは、その部分について、要件定義をやり直すことになります。

これらの確認作業にプロジェクトメンバーは多くの時間を割く必要がありますので、社長はその負担増への心配りが必要です。

③開発またはカスタマイズ・設定

ソフトウェアの開発作業やパッケージソフトウェアの設定作業を行います。開発・設定が進むにつれて、ＩＴベンダーから追加質問が寄せられますので、その対応も必要です。

また、この段階で、中間品[*25]のテスト作業が入ることもあります。

この段階に到達する頃には、ＩＴベンダーのプロジェクトマネージャーも、御社の業務のことをかなり把握しているはずです。デジタル化プロジェクトのなかでメンバーらが考えてきたことについても理解が深まっていますので、徐々に確認や議論に費やす時間と頻度は減っていきます。

逆に、えんえんと確認や議論が続くのであれば、プロジェクトマネージャーとメンバーとの間の意思疎通がうまくいっていない可能性があります。その場合は、費用の増大リスクが高まっていますので、社長はためらうことなく干渉するべきでしょう。

④ＩＴベンダー側テスト

ＩＴベンダー側が、ソフトウェアに不具合がないかを確認・修正する段階です。

＊25　中間品とは　ＩＴベンダーによってさまざまだが、画面の模型を作って確認する場合や、試作品を作って確認する場合がある

テスト自体はＩＴベンダーの社内で行いますので、導入する会社側への負担は基本的にありません。ＩＴベンダーから質問がきたときに対応できるようにしておくだけで充分です。

⑤導入者側テスト

いわゆるユーザーテストです。この段階が、導入する会社側にとっては最後のハードルであり、最も負荷がかかる作業になりがちです。

通常業務への影響が懸念されるほど現場への負担は重くなりますが、かといってユーザーテストにあまり時間を割かずに済ませようとすると、ソフトウェアの品質が確保できない可能性が高まります。

この段階では、ソフトウェアの不具合が多かれ少なかれ発見されます。それらの情報をＩＴベンダーとやり取りするのにも、それなりの手間と時間がかかるのを想定しておきましょう。

⑥ソフトウェアの利用開始

利用を開始した直後は、運用面でトラブルが多発する場合があります。しかも、すでに業務で利用を始めていますので、対応は待ったなしになります。

日々、リアルタイムに対策を講じながら対処することになりますので、プロジェクトメンバーをはじめ、現場への負担が重くなることを想定しておく必要があります。

「要件定義」の段階では、プロジェクトマネージャーは、社内プロジェクトで検討してきた内容を完全に理解しているとは限りません。

プロジェクトメンバーは、これまでの活動を通じて社長の考えを熟知しているとは思いますが、プロジェクトマネージャーとのやり取りのなかで、考えがふらついてしまう危険性があります。また、プロジェクトマネージャーが、期待どおりの働きをしているか、見極める必要があります。

社長は、プロジェクトマネージャーと社員の間の議論をきちんと把握し、注意深く見守ってください。

仮にプロジェクトマネージャーがこちらの意図をなかなか理解してくれない、社員との相性が良くないなど、ギクシャクしている気配を察知したときは、社長の判断で、最悪の場合は別のプロジェクトマネージャーを任命してもらうようにＩＴベンダーに依頼します。

プロジェクトマネージャーとメンバーがうまく事を進めているかを監督するのは、社員の人間性を把握している社長にしかできないことなのです。

② それでも続く「身の丈越え」のリスクを避ける方法

「あったら便利な機能」がコストを膨らませる

ＲＦＰ（提案依頼書）を作成する際に、身の丈に見合った機能定義をしたはずですが、それでもまだ、この段階に至っても投資規模が大きくなりすぎる危険性があります。それは、前節の「要件定義」で、プロジェクトマネージャーから質問を受けたり、提案を受けたりしているうちに、「つい欲張ってしまう」ことです。

Ａ社の場合も、生産計画機能についてＩＴベンダー側と議論をしている際にそれが起きました。

プロジェクトマネージャーから、

「生産計画立案・管理の画面で、マウスで計画をドラッグして移動したり入れ換えたりすることができるスケジューラー機能がありますが、必要ではありませんか？」

と聞かれたのです。

それを聞いていたA社の現場担当者が、「それは便利そうですね。ぜひ欲しいです」と答えてしまいました。しかし、このスケジューラー機能は追加購入のオプション品で、全体予算と比べてもかなり高額でした。

A社の生産計画はそれほど複雑ではなく、計画立案や修正の頻度も少ないので煩雑ではありません。つまり、そのような「あると便利な機能」は必須ではないのです。

このときは、プロジェクトメンバーがすぐにそれに気がついたので方向を修正して事なきを得ましたが、

「あると便利な機能」を提案されると、現場の社員はしばしばそれを歓迎してしまうことがある

ことを頭にとどめておいてください。

予算オーバーの発生を防ぐには

RFPでは、「改革の主戦場検討管理表」を踏まえて優先順位をきちんと決めました。

ところが「要件定義」の段階では、プロジェクトメンバー以外の現場の社員がＩＴベンダーとやり取りをする機会が多くなります。その結果、ＲＦＰで決めた優先順位を無視してＩＴベンダーの提案に応えてしまうケースが発生しがちです。

これを防ぐには、ＩＴベンダーが現場の担当者と話すときは、必ずプロジェクトメンバーが同席するしかありません。

また、ＩＴベンダーのプロジェクトマネージャーに、「少しでも予算オーバーの可能性が出た場合は、遅滞なくプロジェクトメンバーに報告すること」を申し入れておくことも重要です。

③「最後で最初の関門」導入者側テストへの対処法

「最後で最初の関門」とは

「最後で最初」は間違いではありません。開発・導入プロジェクトの最終段階であり、かつ、実使用の最初の段階なので、「最後で最初」とさせていただきました。

それが、本章の第1節で紹介した「導入者側テスト」です。別名「ユーザー評価」とか「ユーザーテスト」「受入テスト」とも呼びます。

導入者側テストは、文字どおり、導入する企業側のソフトウェア使用者が実施する評価作業のことです。この評価作業には、①ソフトウェアの仕様と品質の確認、②運用のリハーサルの2つの目的があります。

①は、ITベンダーと締結した導入契約を完了するための手順の1つでもあります。このとき、バグ[*26]などの単純な障害が見つかった場合はITベンダーに修正してもらいます。

＊26　バグとは　ソフトウェアの製造上の欠陥を指す

■導入側テストの位置付けと目的

	位置付け	目的
①	ソフトウェアの仕様と品質の確認	ソフトウェアの納品や設定作業の完了に対する検収書発行
②	運用のリハーサル	●業務プロセス管理図の修正 ●運用マニュアルの作成 ●利用部門への利用手順の説明と習熟

ただし、この段階で単純なバグが残っているということは、ＩＴベンダー側による品質評価が完全なものではないことを意味しています。ＩＴベンダーに対して、社内品質保証の充実を求める必要があります。

もっと問題なのは、そもそも狙いどおりの仕様になっていなかった場合です。この種の仕様違いは、プロジェクトマネージャーとの意思疎通に齟齬があったことを示しています。

これが発生した場合は、仕様を修正する費用をどちらが負担するべきかを明確にしなければなりません。

議事録や仕様書などの書類があれば、ミスの所在を明らかにする証拠となり得ます。ですが、いちいち議事録などを作っていない場合もあるでしょう。また、そうした書類があったとしても、詳細な記述がされていない場合もあります。

そうなった場合、**仕様を希望どおりにするために、決し**

て少なくはない追加の費用を求められる場合もあるのです。

ですから、この段階で仕様間違いがあった場合は、社長は**その内容と発生原因をしっかり把握しておく**必要があります。代金を支払う時点になってから、ＩＴベンダーとトラブルにならないようにするためです。

充分な評価時間を確保する

導入者側テストの段階で、社長にはもう1つやらなければならないことがあります。それは、社員がこれらの作業をこなす時間を確保できるようにお膳立てをすることです。

よく「どのぐらいの時間を確保すればよいか？」という質問を受けますが、こればかりは導入するソフトウェアの機能によって千差万別としか言いようがありません。

言えるのは、「**一通り使ってみる」程度では駄目**だということです。1つの機能に対して、考えられるすべてのパターーンの入力を行い、正しい結果が得られるかを確認する必要があります。

受注システムであれば、顧客マスター登録の全バリエーションをチェックする必要がありますし、受注後の出荷までの処理が製品によって違う場合などは、その処理方法すべてを評価する必要があります。

それを前提に、それぞれの機能をテストする人自身に、評価にかかる時間を見積もってもらうとよいでしょう。これが、正確な評価時間の計画を作るコツです。

いかがでしょうか、冒頭に「最後で最初の関門」と申し上げた理由をおわかりいただけたでしょうか。まさにデジタル化プロジェクトの最後を締めくくり、会社のデジタル化をスタートさせる最初の大事な作業ですので、最後まで手を抜かずにやり抜いてください。

この段階で手を抜いてしまうと、仕様に齟齬があっても発見することができず、せっかく投資したソフトウェアが現業務に使えないという最悪の事態すら起こり得ます。

④「正しく」運用を始める

効果測定の開始を後回しにしない

無事、仕様の齟齬もなく、現場の社員たちへの教育も終了し、使うべき人全部が新しいソフトウェアを使って新しい業務プロセスを回し始めた時点で、社長にはすぐにやらなければならないことがあります。

それは**効果測定**です。

思い出していただきたいのですが、ステップ❹で「計測できる効果目標」を設定しました。A社の場合は「即答率」です。

システムが稼働すると同時にこれを測定し、改善活動をスタートさせてください。そこまでやって初めて、「新しいソフトウェアが稼働し始めた」ことになります。

また、この段階でプロジェクトマネージャーとの窓口を閉ざしてはいけません。必要があるとき、すぐに連絡が取れる関係を保っておいてください。

使っているうちにソフトウェアの不具合が見つかることもありますし、多少の改造が必要なことも出てくるからです。

新システムの稼働開始は繁忙期を避ける

ソフトウェアの利用開始からおおよそ1か月間は、毎日のように問題が出続けると思っておいて間違いはありません。日々、それらを整理し、プロジェクトマネージャーに相談しながら対応してゆくことになります。

したがって社長としては、その間の社員にかかる負担も考慮しておかなければなりません。

新システムの稼働直後は、デジタル化プロジェクトの最後の踏ん張りどころです。現場の社員にはふだんの業務に加えて重い負荷がかかりますので、繁忙期に稼働を開始するのは避けたほうがよいでしょう。

「キリがいいから、新年度から稼働させよう」などと考えるのではなく、「8月は業務に余裕があるから、8月いっぱいで導入者側テストを終えて9月から稼働させよう」という具合に考えてください。

なお、生産や在庫を管理するソフトウェアの稼働開始のタイミングでは、在庫データの移行作業が必要になります。そのため、稼働のタイミングによっては臨時棚卸しをしなければならないこともあります。この点を充分考慮した上で、稼働時期を決めるようにします。

導入者側テストからソフトウェアの利用開始にかけては、評価工数（評価にかかる手間や時間など）だけでなく、新システムの稼働が日常の業務やビジネスに与える影響など、さまざまなことを考慮して、評価日程や稼働日程を決めることが大事です。

ソフトウェアが稼働して正しく運用されるのを確認するまで、社長は注意深くプロジェクトに関与し続けてください。

おわりに

デジタル化組織の自律に向けて

長い道のりでしたが、無事ソフトウェアが稼働し、運用開始当初のドタバタも落ち着き始めた頃、ぜひプロジェクトメンバーらに、今後のデジタル化推進の展望を聞いてみてください。きっと具体的に、いろいろと前向きな意見が出されるはずです。

それだけでなく、メンバーの口からは会社のあるべき姿に向けた改革の必要性やその具体的な工程、さらにはビジネス戦略の改革プランまで出てくるかもしれません。

中小企業のデジタル化が進まない大きな原因の1つに、デジタル化人材がいないことが挙げられています。ややもすると、「デジタル化人材＝技術者」と誤解されがちですが、**顧客接点改革によるカスタマーサクセスを実現するデジタル化に必要なのは、技術者ではなく、経営マインドを持った幹部候補**です。

本書で紹介したデジタル化を成功に導びく黄金の4ステップは、このような経営幹部候補育成のためのステップでもあります。しかも1人ではなく、チームとしてデジタル化を担う「カタチ」を会社組織のなかに作り上げることができます。

社長は、せっかくできたこのチームをうまく活用しない手はありません。

最近は、よく「リスキリングでデジタル人材を育てよう」[*27]という話を聞きます。確かに、小さなソフトウェアであれば、リスキリングで片手間に作る知識を習得できるでしょう。また、デジタル化施策を考えるときにも、技術面で良いアイディアを出してくれる可能性が高まることも事実です。

しかし、たとえリスキリングで技術的な知識を得たとしても、本格的なソフトウェアを開発した実務経験がなければ、顧客管理や商品管理、生産管理などの規模の大きなソフトウェアを作ることはできません。これらのソフトウェアを開発するには、数多くの開発案件の経験がどうしても必要となるからです。

したがって、デジタル人材が必要だと考えるなら、リスキリングを進めつつ、本書で解説したプロジェクトに社員を参加させ、社外の技術力もうまく活用して、デジタル化をしながらチームを育ててゆくことが現実的であり、一番の近道でもあります。

A社の場合も、プロジェクト活動を開始した当初は、お世辞にも一体感があるとは言えないチームでした。お互いの仕事の内容もあまり理解できていない、デジタル化の勘どころもまったく掴んでいない素人の集まりでしたが、ステップ❶から❹までの活動を社長とともにやり抜き、開発・運用開始までをやり遂げたメンバーたちは、も

＊27　リスキリングとは　技術革新やビジネスモデルの変化に対応するために、新しい知識やスキルを学ぶこと

はや、

社長と同じ方向を向き、
社長と同じ目線で経営を考え、
会社全体の業務プロセスとその残存課題を把握し、
導入したソフトウェアで何ができるのかを熟知し、
あるべき姿の実現のためにデジタルの力を応用することができる

まさに経営改革チームそのものになりました。

プロジェクト活動の初期段階では、1つひとつの課題に対して議論が噴出し、いつ終わるともしれない会議で全員ヘトヘトになっていましたが、いったんベクトルが一致し始めると、話し合う時間も短くなり、物事がテキパキと進むようになっていきました。

RFPを書き終える頃には、プロジェクト会議をしていても、デジタル化とはまったく関係ない経営施策の話が飛び出してくることもしばしばでした。傍から見ていると、まるで「経営企画会議」のような議論で盛り上がる場面もありました。

「社長の課題」が自分たちの「現場の課題」と紐づく過程で、チームのなかに社長の右腕ともなり得る経営マインドが醸成されていったのです。

そして、「社外の人」であるITベンダーのプロジェクトマネージャーと向き合いながら、ソフトウェアの仕様を細かく定義する作業を経て、「デジタル化経営企画チーム」としての知見を修得したのです。

A社では、システムの完成後もこのチームを解散せず、組織図上も「デジタル化委員会」として存続させています。つまり、この委員会をコアとして、日々改善と改革の繰り返しを実行できる体制を整えたことになります。

A社は、立派に「企業のデジタル化レベル③に到達した」と断言できます。

この委員会は、近年注目されている「DX推進」にも有力な戦力となります。

ともするとDX推進は「デジタル技術を使ったビジネス構造改革だ」というような風潮に流され、自社の商品やサービスをデジタルで変貌させる面にばかり関心が向かいがちです。

しかし、それにはバックヤード側の業務プロセスがしっかりと組み合わさっていることが前提になります。それが整備されていないことには、せっかく良いアイディアが生まれたとしても運用を開始することすらできないでしょう。

本書では、黄金の4ステップを地道に進める、極めて実直な手法を解説してきました。これらのステップを割愛して一足飛びに「DXを進めましょう」というのは、あまりにも飛躍した話です。「DX」という名を借りた「ツールの導入」に終わっては、その効果は限定的であり、投資金額に見合った効果も得られないでしょう。

＊＊＊

中小企業はどのように自社のデジタル化を進めるべきか。本書では、当社が2014年に創業して以来110社を超える中小企業へのコンサルティングを通じて体得したノウハウを解説してきました。

デジタル活用は大企業だけのものではなく、中小企業が使ってこそ大きな成果を上げることができます。もし、読者の会社が、社長の苦手意識や人手がない、時間がないことなどを理由にデジタル化を敬遠しているのであれば、本書がその解決の一助となることを願っています。

専門用語を極力使わずに、ITの専門家ではない社長や経営層の方々がどう行動すればよいのかを解説することは、私にとっては大きな挑戦でしたが、読者の皆さんに少しでもわかりやすく伝われば、これ以上の幸せはありません。

最後になりましたが、「E社」として紹介したエプソンダイレクト株式会社での貴重な経験が、本書に著したノウハウに結実したことは言うまでもありません。ここにお礼申し上げます。

また、当社のお客さま各社には図表や事例のご提供をいただきました。厚くお礼申し上げます。

「No Digital, No Future」

デジタル化なくして中小企業の成長なし。ぜひ本書のエッセンスを利用していただき、1社でも多くの中小企業がデジタル化の一歩を踏み出されることを希望してやみません。

鈴木純二（すずき　じゅんじ）

1960年生まれ。中小企業向けIT化コンサルタント。セイコーエプソンでパソコン製造のエンジニア、商品企画リーダーを経て、同社グループ企業のIT、Web販売、経営企画・ネットプロモーション責任者を歴任。早期退職後、ベルケンシステムズ株式会社を設立。数十名から数百名規模の中小・中堅企業を中心にIT化コンサルティングサービスを展開。110社を超えるコンサルティング・相談対応の知見を生かし、企業成長を確実に達成しながらデジタル化を実現する「成長型IT導入法」を考案。

会社《かいしゃ》を正《ただ》しくデジタル化《か》する方法《ほうほう》

2023年9月20日　初版発行

著　者　鈴木純二 ©J.Suzuki 2023
発行者　杉本淳一

発行所　株式会社日本実業出版社　東京都新宿区市谷本村町3-29 〒162-0845

編集部　☎03-3268-5651
営業部　☎03-3268-5161　振　替　00170-1-25349
https://www.njg.co.jp/

印刷／壮光舎　製本／共栄社

ISBN 978-4-534-06041-9　Printed in JAPAN